DevOps Handboek

Andere uitgaven bij Van Haren Publishing

Van Haren Publishing (VHP) is gespecialiseerd in uitgaven over Best Practices, methodes en standaarden op het gebied van de volgende domeinen:
- IT en IT-management;
- Enterprise-architectuur;
- Projectmanagement, en
- Businessmanagement.

Deze uitgaven zijn beschikbaar in meerdere talen en maken deel uit van toonaangevende series, zoals *Best Practice, The Open Group series, Project management* en *PM series*.

Van Haren Publishing is tevens de uitgever voor toonaangevende instellingen en bedrijven, onder andere: Agile Consortium, ASL BiSL Foundation, CA, Centre Henri Tudor, Gaming Works, IACCM, IAOP, IPMA-NL, ITSqc, NAF, KNVI, PMI-NL, PON, The Open Group, The SOX Institute.

Onderwerpen per domein zijn:

IT and IT Management	Enterprise Architecture	Project Management
ABC of ICT	ArchiMate®	A4-Projectmanagement
ASL®	BIAN	DSDM/Atern
CATS CM®	GEA®	ICB / NCB
CMMI®	Novius Architectuur Methode	ISO 21500
COBIT®	TOGAF®	MINCE®
e-CF		M_o_R®
ISM	**Business Management**	MSP®
ISO/IEC 20000	*BABOK® Guide*	P3O®
ISO/IEC 27001/27002	BiSL® and BiSL® Next	*PMBOK® Guide*
ISPL	BRMBOK™	Praxis®
IT4IT®	BTF	PRINCE2®
IT-CMF™	EFQM	
IT Service CMM	eSCM	
ITIL®	FSM	
MOF	IACCM	
MSF	ISA-95	
SABSA	ISO 9000/9001	
SAF	OPBOK	
SIAM™	SixSigma	
TRIM	SOX	
VersiSM™	SqEME®	

Voor een compleet overzicht van alle uitgaven, ga naar onze website: www.vanharen.net

DevOps Handboek

Oleg Skrynnik

Colofon

Titel:	DevOps Handboek
Auteur:	Oleg Skrynnik
Oorspronkelijke titel:	DevOps – A Business Perspective
Oorspronkelijke uitgever:	Van Haren Publishing, 's-Hertogenbosch, 2019
Vertaling:	Theo Wanders, Maarssen
Tekstredactie:	Janneke Wolters, Amsterdam
Illustraties:	Oleg Skrynnik
Uitgever:	Van Haren Publishing, 's-Hertogenbosch, www.vanharen.net
ISBN Hard copy:	9789401804363
ISBN eBook:	9789401804370
ISBN ePub:	9789401804387
Druk:	Eerste druk, maart 2019
Lay-out en DTP:	Coco Bookmedia, Amersfoort – NL
Copyright:	© Van Haren Publishing

Voorwoord

Dit boek is geschreven door een IT-manager, voor IT-specialisten, IT-managers en IT-executives. Het toont DevOps niet als een fenomeen dat geassocieerd wordt met nieuwe automatiseringstools, programmeertechnieken of -technologieën, maar het verklaart de managementaspecten van DevOps voor degenen die zich professioneel bezighouden met informatietechnologie en informatiemanagement.

Het verschilt van andere boeken door het gestructureerde verhaal (misschien is het overmatig gestructureerd) en door de poging om het fenomeen DevOps volledig te dekken op zowel een basis- als een fundamenteel niveau. Dit betekent niet dat de inhoud oppervlakkig is, net voldoende om het bewustzijn over het nieuwe onderwerp te vergroten. 'Fundamenteel niveau' betekent het bouwen van de fundering, de basis: ik heb het over de oorsprong van DevOps, de onvermijdelijkheid van zijn opkomst, de belangrijkste voorwaarden ervan en hoe die in de praktijk tot uiting komen, over de praktijk zelf en de principes waarop die is gebaseerd.

Ondanks de overvloed aan literatuur over dit onderwerp, is dit het boek dat ik echt miste toen ik zelf DevOps studeerde. Ik streef ernaar om een duidelijke, gestructureerde en beknopte beschrijving van dit complexe maar zeer interessante onderwerp te geven. Ik durf te hopen dat er geen overtollige termen in dit boek staan, en dat alle noodzakelijke termen juist wel aanwezig zijn.

Ik moet mijn oprechte dank betuigen aan mijn familie en vrienden. Ik kan niet zeggen dat ze me hebben geholpen om dit boek te schrijven: gelukkig hebben ze heel weinig te maken met zaken als DevOps. Ze hebben er echter absoluut last van gehad: heel vaak, van juli tot december 2017, zonderde ik mijzelf af van de buitenwereld en reageerde ik niet op hun signalen; soms eiste ik zelfs 's avonds stilte.

Ik moet ook mijn collega's bij Cleverics bedanken. We hebben dit bedrijf opgezet samen met de slimste mensen die ik ooit heb ontmoet, en dat was toevallig een van de belangrijkste beslissingen van mijn leven. Gemeenschappelijke doelen en principes, vrijheid in besluitvorming, verantwoordelijkheid voor de resultaten, en partners die klaarstaan om me te ondersteunen wanneer het nodig is – zonder dit zou ik geen tijd vinden om mijn denken over DevOps te structureren en het in dit boek op te nemen.

Tot slot bedank ik onze klanten: ze blijven ons nieuwe en opwindende problemen aanbieden om op te lossen; nieuwe uitdagingen. Ze blijven nieuwe trainingen, workshops en simulaties eisen; ze willen meer en beter. Ze staan letterlijk niet toe dat we stil blijven staan en stuwen ons constant vooruit.

De auteur, Moskou, herfst 2018

Over dit boek

In dit boek staat de stof voor de EXIN DevOps Foundation certificering. Dit examen test het begrip van (1) de basisconcepten van DevOps, (2) hoe deze aan elkaar gerelateerd zijn, en (3) de waarde van DevOps voor de business. EXIN DevOps Foundation is het eerste niveau van het EXIN DevOps certificeringsprogramma. De EXIN DevOps Professional certificering test de kennis van de DevOps praktijk en van hoe teams te integreren. De EXIN DevOps Master certificering gaat over het bevorderen van organisatieverandering en over het toeleiden naar continu leveren en verbeteren.

Uit het veld

'Ik dacht dat ik wel een beetje wist van DevOps, maar ik heb veel geleerd van dit boek. Het is in een verhalende stijl geschreven, wat ik leuk vind. Het is geschreven vanuit het perspectief van *legacy* werkwijzen die zich verplaatsen naar nieuwe manieren van werken en niet zozeer vanuit een ontwikkelingstechnische focus. Het raakt alle punten die ik zou raken als ik er ooit toe zou zijn gekomen om zo'n boek te schrijven. Ik zal het nu niet doen, omdat Oleg het zo goed heeft gedaan. Goed gedaan!'

Rob England

'*DevOps Handboek* is een goed geschreven en zorgvuldig samengestelde samenvatting van de belangrijkste DevOps-onderwerpen die IT-managers moeten kennen. Het combineert onpartijdigheid met scherpzinnige en bruikbare persoonlijke observaties – de auteur kent zijn stof duidelijk. Ik verwacht het van tijd tot tijd te raadplegen en ik aarzel niet om het aan te bevelen.'

Mark Smalley

'Een gemakkelijk te lezen en goed doordacht en geconstrueerd overzicht van de geschiedenis van Devops in termen van werkwijzen en de bijbehorende technologie. Het biedt een aantal goede samenvattingen, toont dilemma's waar organisaties voor staan en geeft enkele goede voorbeelden van het maken van keuzes om vooruit te komen. Het signaleert tegelijkertijd potentiële belemmeringen en valkuilen om te vermijden. Als je een DevOps 101 wilt, is dit het.'

Paul Wilkinson

Inhoud

1 WAT IS DEVOPS?... 1

  1.1   De oorsprong 3

       1.1.1   Agile methoden voor softwareontwikkeling 4

       1.1.2   Het managen van de IT-infrastructuur als code 8

       1.1.3   Het was onvermijdelijk 11

  1.2   De definitie 11

  1.3   Waarom DevOps? 14

       1.3.1   Reduceer time-to-market 14

       1.3.2   Reduceren van technical debt 18

       1.3.3   Elimineer kwetsbaarheden 21

  1.4   De ontstaansgeschiedenis 23

  1.5   Veelvuldig geuite misvattingen 25

       1.5.1   DevOps is een onderdeel van Agile 26

       1.5.2   Bij DevOps draait alles om tools en automatisering 27

       1.5.3   DevOps is een nieuw beroep 29

  1.6   Samenvatting 29

2 DE FOUNDATION 31

  2.1   Lean productie 31

       2.1.1   Belangrijkste feiten 31

       2.1.2   Uitdagingen 35

  2.2   Agile 37

       2.2.1   Belangrijkste feiten 37

       2.2.2   Uitdagingen 38

3   DE PRINCIPES 41

3.1   Waardestroom 41
3.2   Deployment pijplijn 45
3.3   Alles moet worden opgeslagen in een versiebeheersysteem.................. 50
3.4   Geautomatiseerd configuratiebeheer.. 51
3.5   De Definition of Done 52
3.6   Samenvatting.. 53

4   KEY PRACTICES. 55

4.1   Belangrijkste verschillen met traditionele werkwijzen 55
       4.1.1   Een release is een routine 55
       4.1.2   Een release is een zakelijke beslissing 57
       4.1.3   Alles is geautomatiseerd.. 58
       4.1.4   Incidenten worden onmiddellijk opgelost............................... 59
       4.1.5   Fouten worden onmiddellijk verholpen 60
       4.1.6   Processen worden continu verbeterd 61
       4.1.7   Doe als een start-up 62
4.2   Ongebruikelijke teams 63
4.3   Werkvisualisatie 66
4.4   Beperk work in progress.. 69
4.5   Verminder de batchgrootte 74
4.6   Let op de operationele vereisten 76
4.7   Vroegtijdige detectie en correctie van fouten 78
4.8   Gecontroleerde en niet-gecontroleerde verbeteringen en innovaties... 79
4.9   Financiering die innovaties mogelijk maakt.. 82
4.10   Prioriteitstelling van taken 85
4.11   Voortdurende identificatie, exploitatie en beperkingen.......................... 88
4.12   Samenvatting.. 89

5   PRAKTISCHE TOEPASSING 91

5.1   De toepasbaarheid en beperkingen van DevOps 91
5.2   COTS 97
5.3   Evoluerende architectuur.. 100
5.4   DevOps en ITSM 105
5.5   Cargocultus...110
5.6   Begin waar u staat, boek iteratief vooruitgang............................... 111
5.7   Waardestroom als de kern...114
5.8   Samenvatting...116

6 CONCLUSIE. **117**

BIJLAGEN **119**

Bijlage 1 Test: Doet u DevOps? 119
Bijlage 2 Aanbevolen literatuur 123

OVER DE AUTEUR **125**

INDEX **127**

1 WAT IS DEVOPS?

Methoden voor IT-management staan niet stil. Het ontwikkelen en beheren van informatiesystemen pakt men tegenwoordig anders aan dan enkele decennia geleden. Bovendien zal er in de nabije toekomst alweer een volgende generatie opkomen van verfijnde methoden en technieken, die gebaseerd zullen zijn op nieuwe kennis, ervaring en technologie. Meestal evolueren managementmethoden geleidelijk, door middel van het systematiseren en aanscherpen van de modellen die eerder zijn gemaakt, op basis van bepaalde basisprincipes en behoeften. Van tijd tot tijd treden er echter discontinuïteiten op, waardoor individuele leidende organisaties een belangrijke stap voorwaarts kunnen maken met betrekking tot effectief en efficiënt gebruik van informatietechnologie.

Een goed voorbeeld is de overgang van de focus op IT-systemen naar het managen van IT-services door IT-management. Dit wordt IT-servicemanagement (ITSM) genoemd. Deze verandering in de visie van het management van rond het jaar 2000 stelde pioniers in staat belangrijke concurrentievoordelen te behalen. Opkomende *management practices* werden overgenomen door leiders, en veranderden in zogenoemde *best practices*. Enkele van de best practices evolueerden verder naar algemeen aanvaarde *good practices* en droegen zelfs bij tot industriestandaarden. Niet alle organisaties gebruikten best practices of normen in hun werk omdat niet alle sectoren van de economie in die tijd in belangrijke mate afhankelijk waren van informatietechnologie. Onder 'practices' (praktijkhandelingen of werkwijzen) verstaan we *activiteiten uitgevoerd volgens bepaalde principes om een gewenste uitkomst te produceren.*

Laten we eens kijken naar IT-servicemanagement. In de jaren tachtig ontstond het idee om waarde te genereren uit informatietechnologie in de vorm van services (diensten) en om IT-activiteiten in de vorm van processen te organiseren. Bepaalde Europese bedrijven werden pioniers, ontwikkelden nieuwe werkwijzen voor het organiseren van werk en nieuwe benaderingen voor het oplossen van managementproblemen. Enkele van de practices, zoals de introductie van een servicedesk, onderscheid tussen incidenten en problemen, beheerde en gecontroleerde

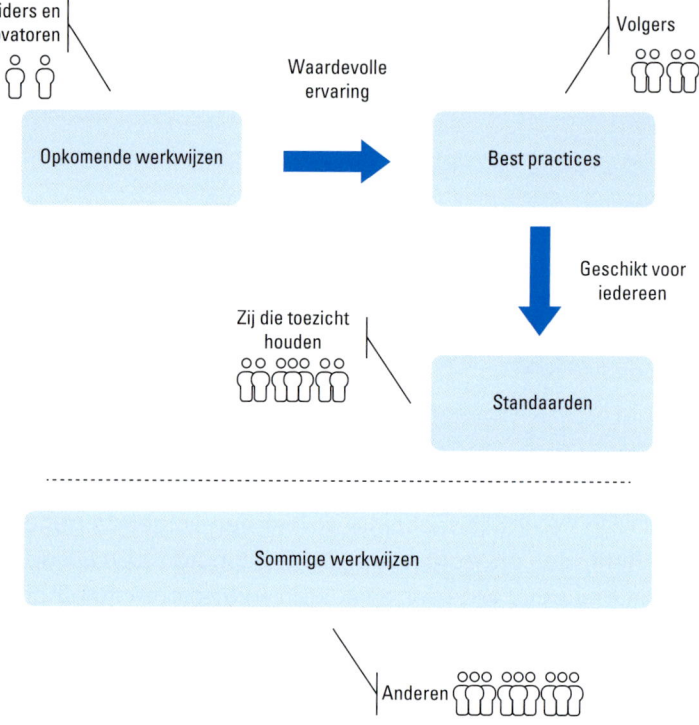

Figuur 1.1 Opkomst en gebruik van nieuwe practices

wijzigingen in de IT-infrastructuur, enzovoort, werden geformuleerd in 2000-2001 in belangrijke publicaties zoals ITIL® (dat staat voor *IT-infrastructure library*)[1]. Leidende organisaties en vele 'volgers' gebruikten deze publicaties, en daardoor werden ze best practices. Uiteindelijk werd in het jaar 2002 de eerste standaard voor IT-servicemanagement gepubliceerd: BS 15000-1: 2002, die een bepaalde norm vastlegde voor degenen die een samenhangend IT-servicemanagementsysteem wilden opbouwen. Inmiddels is BS 15000-1 vervangen door ISO/IEC 20.000-1 en ISO/IEC 20.000-2. Daaruit zal duidelijk zijn dat practices, publicaties en standaarden niet stoppen met hun ontwikkeling, maar zich verder ontwikkelen.

Soortgelijke dynamiek kan nu worden waargenomen in Agile softwareontwikkeling. De revolutie die hier plaatsvindt, beïnvloedt echter een groter gebied dan alleen softwareontwikkeling en de omvang van de gevolgen kan even groot zijn als die van ITSM.

Nieuwe, opkomende practices worden geëtiketteerd als 'DevOps' (Development + Operations), wat net zover verwijderd is van de beoogde betekenis als die van ITIL® ver verwijderd is van het 'bibliotheekconcept'. Evenzo is de huidige COBIT

---

1   https://www.axelos.com/best-practice-solutions/itil

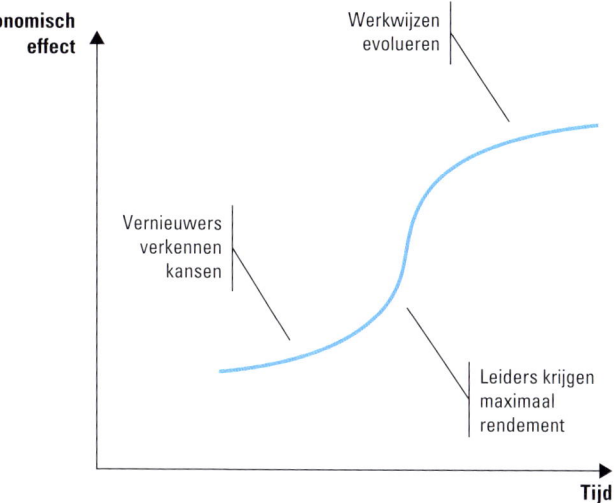

Figuur 1.2 Ontwikkeling van practices

ver verwijderd van controledoelstellingen (Control Objectives for Information and Related Technology)[2].

Tijdens het publiceren van COBIT 5 in 2012 wees de auteursrechthouder erop dat, hoewel COBIT oorspronkelijk een afkorting was van Control Objectives for Information and Related Technology, het nu juist een naam is.

AXELOS Limited heeft sinds 2013 soortgelijke opmerkingen gemaakt over ITIL®.

DevOps-experts, die de initiatiefnemers van deze beweging waren, erkennen de beperkte aard van de naam, en hebben nauwkeuriger namen geopperd. De kans om de naam te wijzigen is nu echter onwaarschijnlijk.

Het DevOps-fenomeen is dus het bestuderen waard. Om de essentie van DevOps volledig te begrijpen, is het noodzakelijk om de achtergrond van zowel het idee als de bijbehorende beweging te beschouwen.

■ 1.1   DE OORSPRONG

Je zou kunnen stellen dat DevOps verscheen vanwege twee factoren: brede acceptatie van Agile softwareontwikkelmethoden en van beheer van IT-infrastructuur als code. Uitleg over IT-infrastructuur als code volgt in paragraaf 1.1.2. Laten we eerst kijken naar Agile softwareontwikkelmethoden.

---

2   http://www.isaca.org/COBIT/Pages/FAQs.aspx

1.1.1   Agile methoden voor softwareontwikkeling

Aan het einde van de twintigste eeuw was de dominante methode van software-ontwikkeling het zogenoemde 'watervalmodel': sequentiële uitvoering van vooraf bepaalde fasen, die elk een aanzienlijke tijd in beslag nemen en eindigen met het behalen van eerder overeengekomen resultaten; overgang naar de volgende fase gebeurt in veel gevallen pas nadat de vorige fase volledig en formeel is voltooid. Zie figuur 1.3. Een bijkomend onderscheidend kenmerk van dit model is de functio-nele specialisatie van de betrokken personen in elke fase: analisten, architecten, ontwikkelaars, testers, enzovoort.

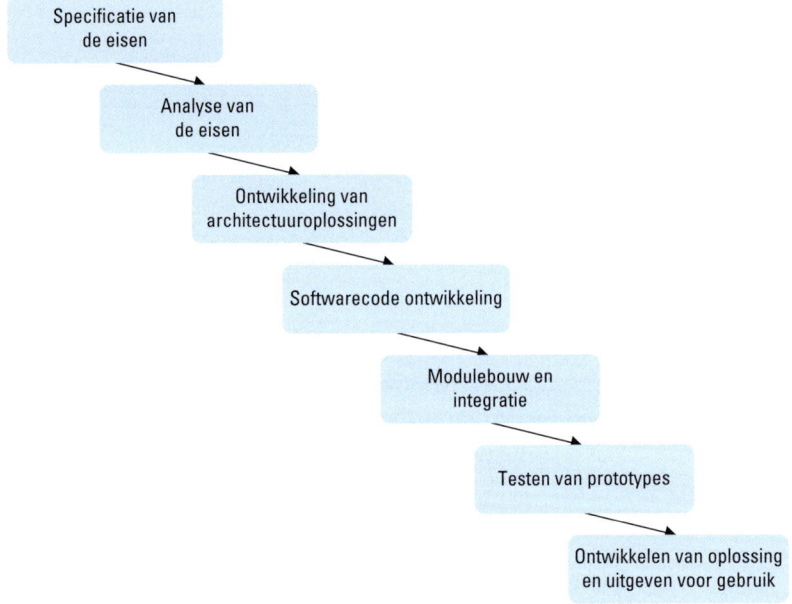

Figuur 1.3 Een voorbeeld van een waterval softwareontwikkelingsmodel

Voor het ontwikkelen van grote informatiesystemen met vooraf gedefinieerde functionaliteit, zonder dat snelle levering vereist werd, in een weinig veranderende omgeving, was het een bruikbaar model dat een effectieve en gedetailleerde kostenbeheersing mogelijk maakte.

Eind jaren negentig, met de snelle groei van internettechnologieën en webpro-grammering, begonnen de negatieve kanten van het watervalmodel de interac-tie en het begrip te beïnvloeden tussen klanten van informatiesystemen (interne of externe bedrijven) en providers (interne of externe softwareontwikkelaars). Marktkansen voor zakelijke klanten vereisten immers snelle lancering (binnen enkele maanden) van nieuwe producten op de markt. Een typische ontwikke-lingscyclus van het begin van het project tot het eerste werkende prototype zou echter zes tot achttien maanden in beslag kunnen nemen; en twee tot drie jaar in grotere ondernemingen. Met de opkomst van voorheen onbekende, maar potentieel veelbelovende marktkansen, zouden de eisen van de klant in de loop van de ontwikkeling kunnen veranderen, wat buitengewoon moeilijk was om mee te nemen zonder de deadlines te verschuiven, het budget te overschrijden of de scope en de kwaliteit van het product te verminderen. Zie figuur 1.4.

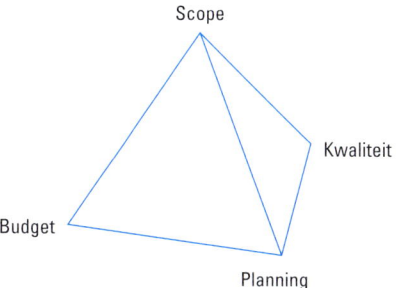

Figuur 1.4 Klassieke piramide van de beperkingen van projectmanagement

Zo ontstond er spanning tussen klanten en providers; tussen de corebusiness en softwareontwikkelaars. Innovatieve benaderingen van programmeren waren het antwoord op deze uitdaging. Ken Schwaber publiceerde verschillende boeken over Scrum.[3] Kent Beck publiceerde een boek over eXtreme Programmering, ofwel XP.[4] Het effect van de toepassing van deze nieuwe ideeën was echter beschei-den, vooral omdat ze zich concentreerden op slechts één van de fasen van de softwareontwikkelingscyclus – de eigenlijke programmering – terwijl het probleem groter was. De end-to-end softwareontwikkelingscyclus moest worden vereenvou-digd en versneld.

In 2001 kwamen Schwaber en Beck samen met vijftien andere experts bijeen om de bestaande problemen te bespreken en een oplossing uit te werken. Het resultaat van de bijeenkomst was het zogenoemde Agile Manifesto[5]. Dit is ontworpen om de kloof tussen bedrijfs- en softwareontwikkelaars te overbruggen. Een van de auteurs van het manifest, Robert C. Martin, legt uit:[6]

'Vertrouwen tussen ontwikkelaars en bedrijven kan ontstaan en zich ontwikke-len wanneer de juiste disciplines en het juiste minimale proces worden gebruikt. Bedrijven zullen de ontwikkelaars gaan vertrouwen in plaats van te denken dat ze luie, corrupte, vervelende wezens zijn, en de ontwikkelaars zullen aandacht gaan schenken aan de business en beseffen dat het redelijke en rationele wezens zijn, in plaats van iemand van een andere planeet.'

3   Bijvoorbeeld: Schwaber, K., Agile Software Development with Scrum, 2001, ISBN 978-0130676344
4   Beck, K., Extreme Programming Explained: Embrace Change, 1999, ISBN 978-0201616415; 2nd edition, 2004, ISBN 978-0134052021
5   http://Agilemanifesto.org/iso/en/manifesto.html
6   https://www.youtube.com/watch?v=hG4LH6P8Syk, ook: https://www.aaron-gray.com/a-criticism-of -Scrum

De daaropvolgende ontwikkeling en toepassing van Agile methoden door de gemeenschap van programmeurs en projectmanagers heeft de ontwikkeling van software enorm versneld en geherstructureerd.

Agile Manifesto

Wij laten zien dat er betere manieren zijn om software te ontwikkelen door het te doen en door anderen ermee te helpen. Daarmee komen we tot de volgende waardestatements:

Mensen en hun onderlinge interactie	boven	processen en tools
Werkende software	boven	allesomvattende documentatie
Samenwerking met de klant	boven	contractonderhandelingen
Inspelen op verandering	boven	het volgen van een plan

Dat wil zeggen dat hoewel de items aan de rechterkant waardevol zijn, wij toch aan de items aan de linkerkant meer waarde hechten.

We volgen deze principes:
1. Onze hoogste prioriteit is de klant tevreden te stellen door het vroegtijdig en voortdurend opleveren van waardevolle software.
2. Verwelkom veranderende behoeften, zelfs laat in het ontwikkelproces. Agile processen benutten verandering tot concurrentievoordeel van de klant.
3. Lever frequent werkende software op. Liefst elke paar weken, ten minste elke paar maanden, met een voorkeur voor een korte tijdsperiode.
4. Mensen uit de business en ontwikkelaars moeten dagelijks samenwerken gedurende het project.
5. Bouw projecten rond gemotiveerde individuen. Geef hun de ondersteuning en omgeving die ze nodig hebben, en vertrouw erop dat ze de klus klaren.
6. De efficiëntste en effectiefste manier om informatie te delen in en met een Development Team is een face-to-facegesprek.
7. Werkende software is de primaire maatstaf voor voortgang.
8. Agile processen bevorderen constante ontwikkeling. De opdrachtgevers, ontwikkelaars en gebruikers moeten in staat zijn om een constant tempo te handhaven.
9. Voortdurende aandacht voor een hoge technische kwaliteit en voor een goed ontwerp versterken Agility.
10. Eenvoud – de kunst van het maximaliseren van werk dat niet gedaan hoeft te worden – is essentieel.
11. De beste architecturen, eisen en ontwerpen komen voort uit zelforganiserende teams.
12. Op regelmatige tijdstippen onderzoekt het team hoe het effectiever kan worden en past het vervolgens zijn gedrag daarop aan.

De belangrijkste elementen van Agile ontwikkeling zijn: nauwere interactie tussen de klant en de ontwikkelaar, vermindering van de batchgrootte, producten die met korte tussenpozen worden geleverd (cycli) en beperkte omvang van de teams.

Met behulp van een Agile benadering brengt het softwareontwikkelteam om de twee tot vier weken een nieuw levensvatbaar (deel)product uit. Eindgebruikers zijn nauw betrokken bij de ontwikkeling en zorgen voor snelle feedback, wat op zijn beurt tot snellere veranderingen leidt.

In veel bedrijven was het effect echter kleiner dan verwacht, toen men het watervalmodel losliet ten gunste van Agile ontwikkeling. Het niet profiteren van Agile in veel bedrijven heeft vaak weinig te maken met de voordelen van het watervalmodel of de nadelen van Agile. Het probleem komt voort uit het feit dat de ontwikkeling van de code slechts een van de schakels in een lange waardeketen is.

Sterker nog, voorafgaand aan de ontwikkeling moeten er nog steeds belangrijke stappen gezet worden die gericht zijn op het identificeren van zakelijke behoeften, hun uitwerking, analyse, prioritering, enzovoort. Bovendien moeten applicaties na ontwikkeling snel worden geïmplementeerd in de productieomgeving, zodat de klanten alle voordelen te zien krijgen die hun waren beloofd, en feedback kunnen geven aan de ontwikkelaars.

De IT-infrastructuur van vrijwel elke organisatie die voor 2010 is opgericht, is echter gebaseerd op rigide, dure hardware die lang geleden is aangeschaft; budgetten daarvoor werden met grote moeite verkregen en het budgetteringsproces voor nieuwe aanbestedingen is lang. Ook is de IT-infrastructuur vrij fragiel in een groot aantal organisaties. Een van de factoren die aan deze kwetsbaarheid bijdragen, is dat de gebruikte IT-oplossingen uiterst complex zijn. Er zijn vele duizenden onderling verbonden items in de infrastructuur. Een andere factor is het gebrek aan documentatie over IT-systemen en de snelle veroudering van de documentatie. Dit laatste wordt noodzakelijkerwijs voortdurend versterkt door het verlies van kennis als gevolg van het personeelsverloop.

In veel organisaties is het onveilig om de IT-infrastructuur te veranderen. Wijzigingen zijn het grootste kwaad voor de operationele activiteiten van de IT-afdeling en een constante grote stroom van wijzigingen kan tot catastrofale gevolgen leiden. Geavanceerde methoden voor softwareontwikkeling worden dus opgehouden door obstakels aan de kant van operationele IT-activiteiten, waardoor het mogelijke positieve effect van het toepassen van Agile benaderingen wordt verminderd.

Om met fragiliteit van de IT-infrastructuur om te gaan, gebruiken sommige organisaties een geformaliseerd change management proces dat ontworpen is om de stroom van wijzigingen te structureren en de risico's verbonden aan hun implementatie te minimaliseren.

1.1.2 Het managen van de IT-infrastructuur als code

De opkomst van het managen van de IT-infrastructuur als code werd voorafgegaan door de ontwikkeling van twee technologieën: virtualisatie en *cloud computing*.

De geschiedenis van virtualisatie van software- en hardwareomgevingen begon redelijk lang geleden, in 1964, met het begin van de ontwikkeling van het IBM CP-40-besturingssysteem[7]. Tijdens de jaren van constante ontwikkeling op dit gebied is aanzienlijke vooruitgang geboekt. De eerste in de handel verkrijgbare systemen voor mainframes verschenen in de jaren zeventig, en die voor later meer gebruikelijke machines op basis van de Intel x86-architectuur verschenen in de jaren tachtig.[8] Figuur 1.5 toont een aantal belangrijke gebeurtenissen gerelateerd aan virtualisatie tussen 1964 en 2008 (de grafiek stopt niet per ongeluk in dat jaar, zoals u later zult zien).

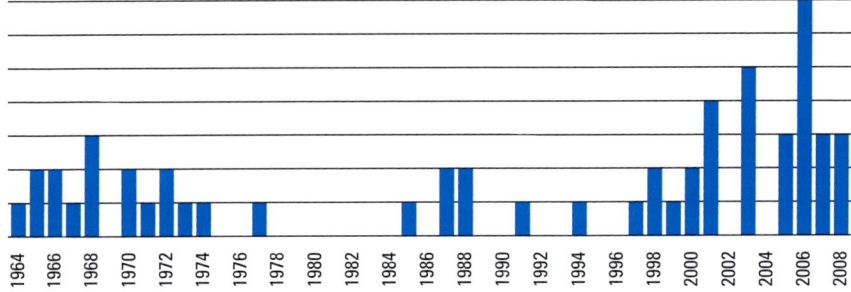

Figuur 1.5 Belangrijke virtualisatiegebeurtenissen verdeeld in de tijd

Virtualisatie maakte het niet alleen mogelijk om dure en krachtige hardware efficiënter te gebruiken, maar ook om een extra niveau van abstractie te introduceren tussen de uitvoerbare code (de businessapplicatie) die iets nuttigs biedt voor de klant en de onderliggende systeemsoftware. Er is een belangrijke stap gezet in de richting van het scheiden van de competenties en verantwoordelijkheden van, zo te zeggen, *application engineers* en *system engineers*, in de brede zin van deze concepten.

Cloud computing technologie is nog sneller ontwikkeld. Tot het midden van de jaren negentig boden telecommunicatiebedrijven hun klanten de Wide Area Network service (WAN-service) aan door de relevante eindpunten met elkaar te verbinden: voor elke klant met directe bekabeling, de zogenoemde 'huurlijnen'.

---

7   https://en.wikipedia.org/wiki/IBM_CP-40
8   Het is interessant om op te merken dat, volgens Jez Humble, in die jaren gedurende een bepaalde periode IBM het aanbevelen van virtualisatieproducten aan zijn klanten vermeed, aangezien dit de verkoop van de hardware beïnvloedde.

Met de opkomst van private virtuele netwerktechnologie (VPN, Virtual Private Network) werd het echter mogelijk om datapakketten van verschillende klanten via dezelfde datatransmissiekanalen te verzenden, waarbij ook het vereiste niveau van beveiliging, privacy en servicekwaliteit werd geboden. In die tijd begonnen aanbieders het cloudsymbool te gebruiken om de grens te laten zien tussen het privé-netwerk van de klant en het gedeelde netwerk, en de respectieve scheiding van verantwoordelijkheid.

Met de nieuwe mogelijkheid om gegevens over lange afstanden over te zetten, begonnen klanten deze technologieën niet alleen te gebruiken voor de informatie-uitwisseling tussen hun externe systemen, maar ook voor het distribueren van de computerberekeningen tussen verschillende knooppunten van hun netwerken. De opkomst van een technologie om deze interactie te vereenvoudigen en in te regelen, werd ingegeven. Kleine providers namen de eerste stappen, maar echt belangrijke veranderingen vonden plaats in 2006, toen Amazon EC2 (Elastic Compute Cloud) presenteerde. Al snel, in 2008, lanceerde Microsoft zijn service, Azure, en introduceerde Google de Google App Engine, die vervolgens is geëvolueerd naar het Google Cloud Platform. Dit zijn natuurlijk niet de enige voorbeelden van het verhuren van computercapaciteit, maar het zijn de grootste.

Virtualisatie en cloudtechnologieën hebben het computerlandschap aanzienlijk veranderd. Middelen aangeboden door commerciële aanbieders zijn betaalbaar en betrouwbaar geworden; ze hebben ook gezorgd voor het nodige beveiligingsniveau. De houding van de klant ten opzichte van de cloud en het gebruik ervan is veranderd van: 'Iemand anders beheert mijn hardware ergens' naar: 'Ik heb een infrastructuur die ik op afstand kan beheren.'

Het Amerikaanse National Institute of Standards and Technology (NIST) heeft vijf essentiële kenmerken van cloud computing geïdentificeerd:[9]
1. On demand zelfbediening. Een consument kan eenzijdig en automatisch computercapaciteiten, zoals servertijd en netwerkopslag, toewijzen, zonder dat er menselijke interactie met een serviceprovider nodig is.
2. Brede netwerktoegang. Computerresources zijn beschikbaar via het netwerk en toegankelijk via standaardmechanismen die het gebruik door heterogene dunne of dikke klantenplatforms bevorderen.
3. Gedeeld gebruik. De computerresources van de provider worden samengevoegd om meerdere consumenten te bedienen met behulp van een *multi-tenant* model, waarbij verschillende fysieke en virtuele resources dynamisch worden toegewezen en opnieuw toegewezen op basis van de consumentenvraag.
4. Snelle elasticiteit. Mogelijkheden kunnen elastisch worden ingesteld en in sommige gevallen automatisch worden vrijgegeven, om snel naar buiten

---
9 http://nvlpubs.nist.gov/nistpubs/Legacy/SP/nistspecialpublication800-145.pdf

en naar binnen toe af te stemmen op de vraag. Voor de consument lijken de beschikbare mogelijkheden voor IT-capaciteit vaak onbeperkt en kunnen op elk gewenst moment in elke hoeveelheid worden toegewezen.

5. Meetbare service. Cloudsystemen besturen automatisch en optimaliseren het gebruik van resources door gebruik te maken van een monitoring- en meet-systeem op een abstractieniveau dat geschikt is voor het soort dienst.

Wat betekent het op afstand beheren van de infrastructuur? Denk eens terug aan een van de belangrijkste paradigma's van UNIX-systemen: alle noodzakelijke acties met het systeem moeten toegankelijk zijn vanaf de *command line* (dus met behulp van een script). Grafische gebruikersinterfaces zijn mooi, maar optioneel.

Laten we nu de virtuele cloud technologieën en de command line interface combineren voor alle taken. Daardoor konden IT-professionals de onderdelen van de IT-infrastructuur creëren die ze nodig hadden, inclusief servers, opslagsystemen en netwerkcomponenten, en alle interfaces daartussen; alle instellingen en confi-guraties door middel van tekstcommando's.

De mate van de automatisering is aanzienlijk toegenomen, net als de snelheid van de implementatie van de wijziging. Voorheen moest men om een IT-infrastructuur te implementeren op basis van interne hardware:

- een begroting rechtvaardigen en overeenkomen (weken en maanden);
- wachten op de volgende aankoopcyclus (maanden);
- apparatuur bij de leverancier bestellen en ervoor betalen (dagen);
- wachten op aflevering (weken en maanden);
- ontvangen, installeren, configureren en klaarmaken voor gebruik (dagen en weken).

Tegenwoordig is het mogelijk om een vergelijkbare IT-infrastructuur te creëren door:

- een script te draaien, te wachten op de voltooiing van de uitvoering (minuten, zelden uren);
- de factuur van de cloudprovider te betalen aan het einde van de maand.

Dat wil zeggen dat de vereiste infrastructuur wordt gecreëerd met behulp van code. Ze is niet alleen gecreëerd, maar kan ook worden beheerd als een program-macode: met versiebeheer, het bijhouden van wijzigingen, debugging, het herge-bruiken van vorige versies, enzovoort. Deze aspecten zullen in meer detail worden besproken in hoofdstuk 3.

Om het beeld af te sluiten, willen we ook aandacht geven aan het tweede leven dat sommige relatief oude technologieën hebben verkregen. Virtualisatie op besturingssysteemniveau was bijvoorbeeld beschikbaar in veel UNIX-systemen in de jaren tachtig. Het serieuze commerciële succes van deze technologie, die vaak 'containerisatie' wordt genoemd, kwam echter pas in de tweede helft van de periode 2000-2010, samenvallend met de hiervoor beschreven gebeurtenissen. Hoewel het originele chrootmechanisme[10] van Unix nogal beperkt was wat betreft functionaliteit en mogelijkheden, is het nu mogelijk om een bestandssysteem voor containers te isoleren, schijfquota toe te wijzen, het beschikbare RAM-geheugen te beperken, of processortijd, I/O-bandbreedte enzovoort.

1.1.3   Het was onvermijdelijk

'Iemand zegt dat dit onvermijdelijk is – en wanneer je iemand dat hoort zeggen, is het zeer waarschijnlijk dat een reeks bedrijven campagne voert om het waar te maken.'

Richard Stallman, oprichter van Free Software Foundation en maker van het GNU-besturingssysteem voor cloud computing, 2008.

Nu we de oorsprong van DevOps hebben onderzocht, kunnen we de volgende conclusies trekken. Ten eerste is er, door de opkomst van nieuwe manieren om interactief te zijn met zakelijke klanten en de adequate toepassing van Agile ontwikkelingstechnieken, behoefte ontstaan aan nieuwe manieren van IT-management. Ten tweede werd het binnen de IT met de opkomst van nieuwe infrastructuur-managementtechnologieën mogelijk om het IT-werk anders te organiseren.

Als we de hiervoor geciteerde woorden van Richard Stallman[11], bekijken (het lijkt erop dat hij zich vergiste in cloud computing), kan aangenomen worden dat het verschijnen van iets wat lijkt op DevOps slechts een kwestie van tijd was.

■ 1.2   DE DEFINITIE

Alleen zeer zelfverzekerde of oneindig incompetente mensen, evenals algemeen erkende goeroes, kunnen een fenomeen serieus bespreken zonder het een definitie te geven, of zonder te vertrouwen op een algemeen geaccepteerde definitie. Helaas is de situatie verre van eenvoudig met DevOps.

Sommige experts proberen iets zelf te verzinnen, dicht bij hun begrip. Anderen beweren dat het op dit moment onmogelijk is om DevOps te bepalen, omdat het eerder een fenomeen, een beweging, een idee, maar geen discipline of een

---

10 Een chroot op Unix-systemen is het veranderen van de rootdirectory van het nu draaiende proces en de subprocessen naar een andere map. Een programma dat in zo'n aangepaste omgeving draait, kan bestanden buiten deze mappenstructuur niet bereiken.
11 https://www.theguardian.com/technology/2008/sep/29/cloud.computing.richard.stallman

methodologie is. Weer anderen zeggen dat iedereen zijn eigen DevOps heeft en bieden een bekende metafoor aan voor de blinde mannen die een olifant aanraken: de ene zegt dat het hoogstwaarschijnlijk een boom is, de andere dat het voelt als een kleed, de derde zegt dat het slangachtig is, enzovoort.

Toen ik dit onderwerp bestudeerde, heb ik een groot aantal boeken en online publicaties gelezen, gecommuniceerd met verschillende mensen die betrokken zijn bij de DevOps-beweging, zowel in Rusland als in Europa, en heb ik gespecialiseerde trainingen bijgewoond om verschillende internationale examens af te kunnen leggen. Naar mijn mening is het enigszins overdreven om te stellen dat het onmogelijk is om DevOps te definiëren. Natuurlijk, zoveel mensen, zoveel meningen, en in het geval van consultants loopt het nog meer uit de hand: twee consultants betekent minstens drie meningen. Echter, met een systemische mindset, een graad in IT en consultancyervaring op het gebied van IT-management, vond ik het nodig om het probleem op een duidelijke en gestructureerde manier te benaderen. Zonder te beweren dat het universeel is of de ultieme waarheid, stelde ik de volgende definitie samen:

DevOps is een evolutie van ideeën van Agile softwareontwikkeling en Lean manufacturing, toegepast op de end-to-end-waardeketen in IT, waarmee bedrijven met moderne informatietechnologieën meer kunnen bereiken als gevolg van culturele, organisatorische en technische veranderingen.

Er zijn vier belangrijke punten die in deze definitie moeten worden benadrukt.

Ten eerste is het belangrijk om erop te wijzen dat DevOps Agile en Lean niet vervangt, maar ze een beetje absorbeert. Mijn communicatie met collega's, klanten en trainingsdeelnemers laat zien dat degenen die niet bekend zijn met Agile ontwikkeling, veel nieuwe en interessante dingen in DevOps ontdekken. Degenen die relevante training en ervaring hebben, zijn verrast door het aantal overlappingen tussen DevOps en andere praktijken, zoals Lean, Scrum en Kanban. Naar mijn mening is het niet helemaal correct om dit verschijnsel een 'overlap' te noemen. Het gaat veeleer om het lenen en uitbreiden van de ideeën van Agile ontwikkeling en Lean manufacturing. Deze kwestie zal in meer detail worden besproken in hoofdstuk 2.

Ten tweede, de essentie van DevOps ligt in het feit dat de IT-afdeling samen met de business niet alleen denkt aan softwareontwikkeling, maar ook aan de hele waardeketen. Deze keten begint met het genereren van nieuwe ideeën samen met belanghebbenden uit de business, en vindt plaats via ontwikkeling, testen en implementatie, tot aan het gebruik. Deze aanpak bevordert de analyse, identificatie en eliminatie van knelpunten in de end-to-end-waardeketen. Het legt feedbacklussen vast, niet alleen vanaf het einde van de keten tot het begin, maar ook tussen de stappen en binnen elke stap. DevOps besteedt de meeste aandacht aan deze elementen: systeembenadering, werken met beperkingen en openstaan voor feedback. Dit wordt hierna in detail beschreven.

Ten derde is het belangrijk om de verwachte waarde van het gebruik van DevOps te benadrukken, die ligt in een hoger rendement op informatietechnologie. Volgens de klassieke opvatting stelt het gebruik van informatietechnologie organisaties in staat meer voordelen te behalen (door nieuwe kansen te creëren of bestaande beperkingen weg te nemen), risico's te verminderen en middelen te optimaliseren. Bij correct gebruikt adresseert DevOps alle drie de aspecten. Het zou onjuist zijn om te zeggen dat organisaties op traditionele manieren, zonder DevOps, niet kunnen profiteren van informatietechnologie. DevOps biedt echter meer waarde, wat zich uit in het versnellen van de levering van de nieuwe en gewijzigde producten aan de markt, snellere reactie op klantbehoeften, verbeterde beschikbaarheid en duurzaamheid van IT-systemen, en efficiënter gebruik van beperkte middelen. Dit onderwerp zal in meer detail worden gepresenteerd in paragraaf 1.3.

Ten vierde zijn er in het laatste deel van de definitie expliciete aanwijzingen voor drie essentiële elementen: culturele, organisatorische en technische middelen. In feite is dit de oude mantra van processen, mensen en technologie. De ervaring van de DevOps-pioniers, evenals hun volgers, toont aan dat het belang ervan nog steeds groot is.

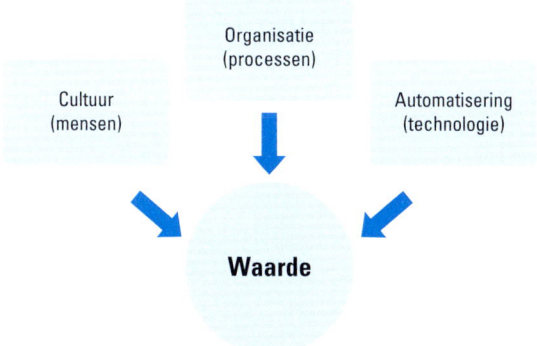

Figuur 1.6 Drie essentiële elementen

Ik geef nu de DevOps-definitie met een uitsplitsing naar de componenten, waarmee de belangrijkste punten kunnen worden benadrukt.

DevOps is:
a. *een evolutie van de ideeën van Agile softwareontwikkeling en Lean manufacturing;*
b. *toegepast op de end-to-end waardeketen in IT;*

c. *waarmee bedrijven meer kunnen bereiken met moderne informatietechnologieën;*

d. *als gevolg van culturele, organisatorische en technische veranderingen.*

■ 1.3 WAAROM DEVOPS?

'Luister, als sterren verlicht zijn, betekent dit dat er iemand is die het nodig
heeft.'

Vladimir Mayakovsky[12], 1914

Sommige managementframeworks komen over als een product van de verbeel-
ding van de auteur (misschien een expert of zelfs een goeroe): een soort theo-
retisch onderzoek. Hun toepasbaarheid of niet-toepasbaarheid wordt bewezen
door aanhangers en volgers die nieuwe technieken proberen te gebruiken in hun
werk en in het managen van anderen.

Andere benaderingen worden geboren als antwoord op tamelijk dringende
behoeften. Ze zijn niet gemaakt door de Britse overheid en niet door groepen
speciaal gerekruteerde consultants. Deze benaderingen zijn ontwikkeld door beoe-
fenaars die manieren zoeken om bepaalde moeilijkheden of beperkingen op te
heffen, of om het gebruik van beschikbare beperkte middelen efficiënter te maken,
of om nieuwe business, nieuwe niches en nieuwe tools te creëren om specifieke (en
echte) problemen op te lossen.

Het lijkt erop dat DevOps dichter bij de tweede groep staat dan bij de eerste. Details
over de oorsprong ervan zijn besproken in paragraaf 1.1. Laten we ons nu concentreren op de belangrijkste problemen die verschillende organisaties proberen op te
lossen met behulp van DevOps.

1.3.1 Reduceer time-to-market
Bedrijven die DevOps gebruiken, melden meestal de noodzaak om de *time-to-
market* aanzienlijk te verkorten. Verschillende mensen bedoelen verschillende
dingen met deze term. In het algemeen wordt eronder verstaan: *de tijd vanaf het
begin van een bedrijfsidee tot de realisatie ervan en daaruit volgend de mogelijkheid voor een klant om een nieuw product te kopen of om een nieuwe service
te krijgen.* Dus, een berekening (of liever een beoordeling) van de time-to-market

---

12 Vladimir Mayakovsky, Listen! Early Poems, vertaald door Maria Enzenberger, 1991,
ISBN 978-0872862555

gaat over een vrij groot tijdsbestek. In het geval dat de IT-afdeling hierbij betrokken is, bestaat dit tijdsbestek uit de volgende stappen:
- structureren en initieel en formeel opstellen van een bedrijfsidee, of liever verschillende bedrijfsideeën, en hun rechtvaardiging;
- evaluatie en selectie van een bedrijfsidee voor implementatie;
- planning van de acties die nodig zijn voor implementatie; verkrijgen van budget;
- voorbereiding van personeel en bedrijfsprocessen;
- tegelijkertijd: formalisering van de eisen, ontwikkeling van prototypen, initiële test, ontwikkeling van een volledig uitgerust IT-systeem, grondig testen, release en *deployment*;
- op hetzelfde moment: marketingactiviteiten, voorbereiding van de markt, voorbereiding van de verkoopkanalen en hulpmiddelen;
- een nieuwe lancering van een product of dienst.

Het beschreven proces introduceert bepaalde uitdagingen. Ten eerste kan het jaren duren, terwijl het bedrijf het graag tot maanden wil reduceren. De zakelijke rechtvaardiging voor urgentie is hier duidelijk: tijdens de ontwikkeling van een nieuw product kan de markt zo sterk veranderen dat het product zelf niet langer relevant zal zijn, of kunnen concurrenten eerder een vergelijkbaar product uitbrengen. Vroegtijdige toetreding tot de markt met een aantrekkelijk concurrerend aanbod helpt bij het verwerven van een dominante positie in nieuwe niches, wat op zijn beurt de marktleider de gelegenheid biedt om de markt verder te veranderen en voor zichzelf aan te passen. Dit is een essentieel voordeel dat maar weinigen hebben, maar iedereen streeft ernaar. Bovendien mogen we de steeds toenemende snelheid van verandering niet vergeten. Een van de beste illustraties van deze stelling is de Wet van de versnellende opbrengst, geformuleerd in 1999 door Ray Kurzweil.[13] Volgens die stelling heeft de snelheid van verandering in een breed scala aan evoluerende systemen, inclusief (maar niet beperkt tot) nieuwe technologieën, de neiging om exponentieel te groeien. In de praktijk betekent dit dat technologische doorbraken, inclusief informatie, vaker voorkomen. Bedrijven die het tempo van verandering verhogen, worden leiders en alleen degenen die hun snelle tempo kunnen behouden, krijgen de kans om niet aan de zijlijn te blijven. Wat kan er gezegd worden over diegenen die niet snel kunnen veranderen?

'Het is moeilijk om een schrijver van een filmscript te zijn. Men kan de omstandigheden die razendsnel veranderen niet bijhouden. ... Eerst schrijf je het script, dan wordt het gerepeteerd, dan wordt het overhandigd aan de distributiekantoren en pas dan bereikt het het scherm. Op dat moment komt er iets nieuws en relevants voor het moment uit ...

---

13 http://www.kurzweilai.net/the-law-of-accelerating-returns

> De auteurs ... van verschillende en actuele spelen bevinden zich precies in dezelfde positie. Binnenkort zullen ze moeten schrijven terwijl ze 's ochtends koffiedrinken en kranten lezen. Dus tegen het middaguur is het toneelstuk klaar voor de generale repetitie en 's avonds wordt het aan het publiek getoond. Alleen onder deze onmisbare voorwaarde kunnen ze het moment grijpen.'
>
> Van: *The Theatre*, Moscow daily theatre newspaper[14], augustus 1917

De tweede moeilijkheid van het hiervoor beschreven proces is de behoefte aan duidelijke coördinatie en harmonisatie van onderling afhankelijke stappen, met name van de stappen die gelijktijdig worden uitgevoerd. Op dit moment vallen veel bedrijven in de klassieke valstrik: als er geen gereed eindproduct is, is er niets om te adverteren en te verkopen, maar als het er is, leiden marketingactiviteiten slechts met vertraging tot verkopen (vandaar het financiële rendement). Deze valstrik verhoogt de daadwerkelijke time-to-market verder en vereist dat ieders werk nog zorgvuldiger wordt gecoördineerd.

Merk op dat de rol van de traditionele IT-afdeling bij het vergroten van de time-to-market nauwelijks kan worden overschat. In sommige organisaties is IT verantwoordelijk voor meer dan 50% tot 70% van de totale time to market duur van anderhalf tot twee jaar.

Een ander begrip van de term time-to-market is minder globaal, maar niet minder belangrijk. Dynamische bedrijven die digitale producten maken, zijn gewend om snel te handelen. Ze geven de voorkeur aan *safe-to-fail* experimenten boven een nauwgezette en gedetailleerde planning, en het woord 'idee' wordt vervangen door 'hypothese'. In dit geval ziet het proces er als volgt uit:
- creatie van een hypothese, ontwikkeling van de validatiemethoden;
- praktische implementatie van de hypothese;
- resultaatevaluatie, A/B-tests[15], vergelijking met doelen;
- aanpassing op basis van de analyse, terugkeren naar de eerste of tweede stap.

Het is gemakkelijk om hier een cyclus te zien; de verwachte duur is weken. Dit snelle tempo is nodig omdat de essentie van deze beweging voortdurend onderzoek is. Bij de start is de eindtoestand compleet onbekend, en dat geldt ook voor de weg

---

14 https://project1917.ru/groups/teatr
15 Een A/B-test is een vorm van gerandomiseerd onderzoek met testgroepen, waarbij twee (of meerdere) varianten van bijvoorbeeld een website met elkaar kunnen worden vergeleken. Gebruikers worden gerandomiseerd ingedeeld in verschillende groepen, waarbij elke groep een andere versie van de website krijgt voorgeschoteld. De controlegroep, die een ongewijzigde versie van de website te zien krijgt wordt traditioneel aangeduid met de letter 'A', en de eerste gewijzigde variant met de letter 'B'. Door het gedrag van gebruikers in de verschillende groepen te meten en met elkaar te vergelijken kan worden bepaald welke opzet, A of B, het gewenste doel – vaak de hoogste omzet – het best benadert. Bron: Wikipedia.

ernaartoe en voor het eindproduct. Langetermijnplanning is niet zinvol, het bedrijf ziet alleen de volgende, de naaste stap; of, om precies te zijn, het probeert die te raden. Een bekende metafoor die dit illustreert, vergelijkt de overleving en ontwikkeling van een bedrijf met onderzoek naar een geldrivier. Na één keer deze rivier te hebben bevaren en een nieuwe niche en nieuwe kansen te hebben gevonden, zal het bedrijf de veranderende rivierbedding moeten blijven verkennen. Traditionele processen, voorschriften en reeds bestaande producten zullen waarschijnlijk de traagheid van het bedrijf vergroten, en als ze onbeheerd achterblijven, zullen ze zonder geld naar de kust stromen.

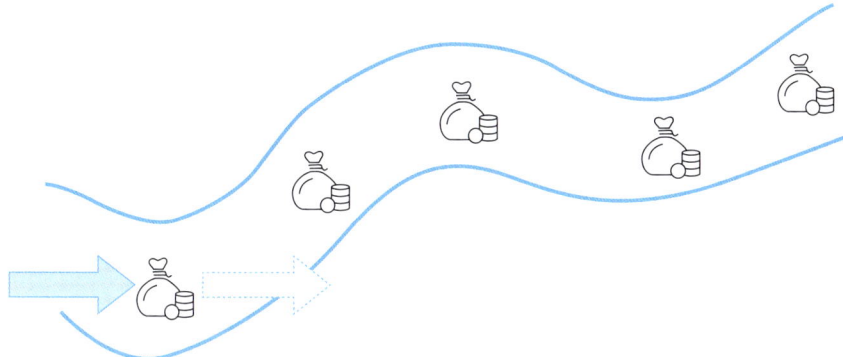

Figuur 1.7 De geldrivier

Het is niet moeilijk te raden dat de bijdrage van de IT-afdeling aan het vertragen van deze cyclus groot is. De rol van IT is inderdaad van cruciaal belang bij het creë-ren van digitale producten, dus de vertragingen in de implementatiefase van de hypothese zijn waarschijnlijk te wijten aan het feit dat de 'langzame' IT-afdeling maanden in plaats van de verwachte weken neemt.

Om de time-to-market te reduceren, biedt DevOps een verscheidenheid aan tech-nieken, bijvoorbeeld: het verminderen van de batchgrootte, het verminderen van het aantal overdrachten, het continu identificeren en elimineren van verliezen, en andere. Ze zullen in meer detail worden behandeld in hoofdstuk 4. Het is belang-rijk om het volgende op te merken: het is naïef om te denken dat het gebruik van DevOps-technieken (om het werk van de IT-afdeling te versnellen) tegelijkertijd tot een vermindering van IT-kosten zal leiden. Integendeel, de kosten van informatie-technologie zullen toenemen, voornamelijk als gevolg van de toename van het aantal IT-medewerkers. Inderdaad, de traditionele organisatie van de IT-afdeling veronderstelt afzonderlijke functionele eenheden, die elk alle taken binnen hun vakgebied behandelen (bedrijfsanalyse, ontwikkeling en testen, beheer, ondersteu-ning, enzovoort). Tegelijkertijd is binnen elke functionele eenheid de noodzakelijke uitwisselbaarheid van specialisten verzekerd en het aanzienlijke aantal specialisten met dezelfde kwalificaties en competenties maakt het mogelijk de werklast gelijk-matig te verdelen.

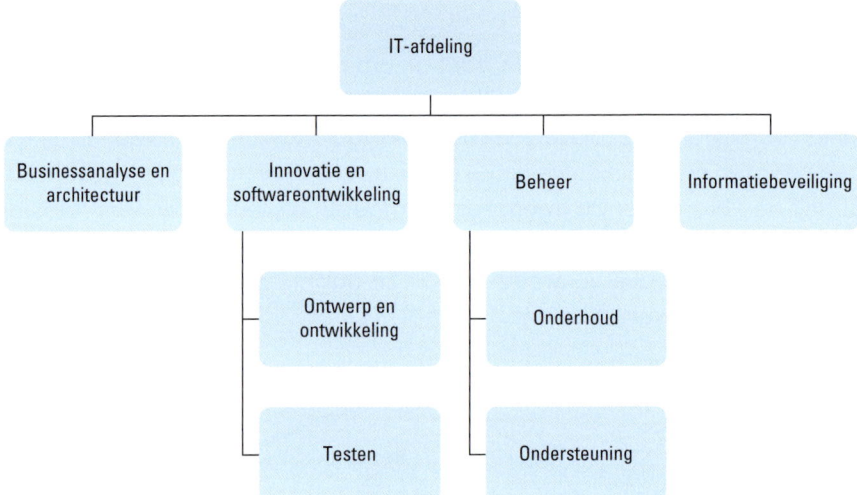

Figuur 1.8 Functionele structuur van een traditionele IT-afdeling

In tegenstelling tot de structuur uit figuur 1.8 groepeert DevOps specialisten in toegewijde productteams. Elk zelfstandig team bestaat uit een product owner (producteigenaar), architecten, ontwikkelaars, testers en specialisten die verant-woordelijk zijn voor de werking en voor informatiebeveiliging. Met een groot aantal teams, uitsluitend gericht op hun product, is het moeilijker om te verzekeren dat de werkdruk gelijk is; het kan leiden tot onderbenutting en dus tot hogere personeels-kosten (dit onderwerp zal worden behandeld in paragraaf 4.2).

Er kan dus worden gesteld dat de traditionele IT-eenheid het 'optimaliseren voor kosten'-model volgt, terwijl de DevOps-organisatie is gericht op het 'optimaliseren voor snelheid'-model en deze doelen zijn over het algemeen tegenstrijdig. Merk ook op dat DevOps hulpmiddelen en technieken biedt om de kostenstijging te beper-ken, zoals de automatisering van alle routinematige handelingen of de uitwissel-baarheid van specialisten binnen de teams. Bovendien wijzen DevOps-aanhangers er terecht op dat snelheidsoptimalisatie er in veel gevallen op gericht is om het bedrijf in staat te stellen meer te verdienen, wat de stijgende kosten van IT compen-seert. In dit geval wordt de IT-afdeling behandeld als een echte zakenpartner, niet als kostenplaats.

1.3.2 Reduceren van technical debt

Het concept van *technical debt* (technische schuld) werd voorgesteld door Ward Cunningham in 1992.[16] Het treedt op wanneer een programmeur een niet-optimale manier kiest om een probleem op te lossen om daarmee de ontwikkelingstijd te verkorten.

---

16 http://wiki.c2.com/?WardExplainsDebtMetaphor

DevOps-team

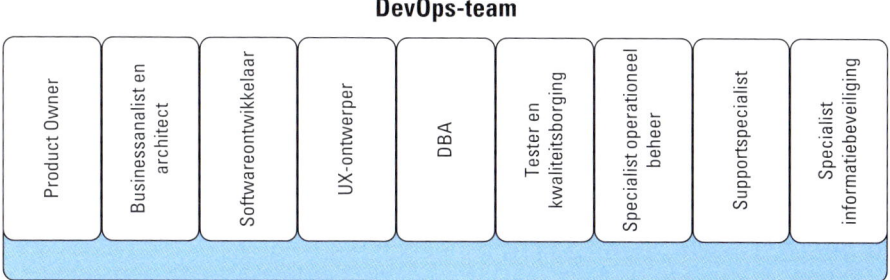

Figuur 1.9 Voorbeeld van een DevOps-team

Technical debt is eigenlijk *uncompleted work*. Het weerspiegelt het extra ontwikkelingswerk dat nodig is wanneer programmacode die makkelijk en snel te implementeren is wordt gebruikt en er niet voor de meest optimale oplossing wordt gekozen. In een ontwikkelingsproces is er dan na verloop van tijd herstructurering van bestaande code (*refactoring*) nodig, om de programmacode beter en effectiever te maken. Als dit niet gerepareerd wordt blijft het terugkomen, bijvoorbeeld door slechte performance of instabiliteit. Het is eigenlijk een kwaliteitsgebrek in de software die op een bepaald moment in de gebruiksfase tevoorschijn zal komen en dan 'betaalt men de rekening'. De optelsom van verborgen *undone work* zal steeds groter worden als er geen reparatie plaatsvindt.

Cunningham merkte op dat dit een natuurlijk proces is, en het probleem is dat geaccumuleerde niet-optimale oplossingen leiden tot een geleidelijke verslechtering van de ontwikkelingsoutput en, als een gevolg daarvan, tot verslechtering van de productkwaliteit. In de loop van de tijd zal het ontwikkelteam meer middelen moeten inzetten om de gevolgen van eerdere beslissingen te herstellen, dat wil zeggen de bestaande code opnieuw te formuleren in plaats van nieuwe functionaliteit te ontwikkelen. De analogie met de financiële 'schuld' is in dit geval heel duidelijk: om de productie te versnellen, kan het bedrijf 'schulden' krijgen, maar het moet niet toelaten dat alle inkomsten aan schuldaflossing (*debt servicing*) worden besteed.

Martin Fowler ontwikkelde het idee van technical debt verder door een classificatie voor te stellen van de oorzaken ervan (zie figuur 1.10).[17]

	Roekeloos	Voorzichtig
Beraadslagen	We hebben geen tijd voor ontwerpen	We moeten nu opleveren en omgaan met de gevolgen
Onachtzaam	Wat is gelaagdheid?	Nu weten we hoe we het hadden moeten doen

Figuur 1.10 Technical debt kwadrant van Martin Fowler

—
17 https://martinfowler.com/bliki/TechnicalDebtQuadrant.html

In zijn standpunt komt grofweg de gedachte van Ward Cunningham terug: in een goed georganiseerd ontwikkelingsteam kan het verhogen van technical debt een bewuste stap zijn om voordelen op korte termijn te behalen; het is wel belangrijk daarbij aandacht te schenken aan het 'betalen van de schuld'.

Op dit moment wordt het concept van technical debt meestal in ruimere zin toegepast. Met de uitbreiding naar operationele IT-problemen, wordt er een hele reeks traditionele problemen met de IT-afdeling aan toegevoegd: het verhelpen van storingen door apparaten opnieuw op te starten, een softwarepatch installeren die niet goed is getest, infrastructurele wijzigingen implementeren zonder zorgvuldige planning, handmatige patching of serverconfiguratie zonder de wijzigingen te documenteren – dit zijn slechts enkele voorbeelden van accumulerende technical debts, die niemand in een reguliere IT-afdeling ooit zal 'betalen'. Sommige IT-organisaties plannen dergelijke werkzaamheden of projecten helemaal niet in, anderen denken dat het in orde brengen van de zaak wel kan zodra er een minuutje vrij is. De praktijk is dat er geen minuutjes vrij bestaan op een moderne IT-afdeling.

Bovendien kan worden gesteld dat sommige best practices, bijvoorbeeld die door ITIL® worden aangeboden, ook kunnen leiden tot een toename van technical debt als ze op een geïsoleerd niveau worden toegepast. Het incidentmanagementproces volgens ITIL® heeft bijvoorbeeld niet tot doel om de oorzaken van verstoringen te vinden en te elimineren. Het doel is om het IT-systeem (of de IT-service, het verschil is hier niet relevant) zo snel mogelijk te herstellen, vaak door middel van *workarounds* en tijdelijke oplossingen. Het gebruik van dergelijke oplossingen garandeert bijna dat fouten zich opnieuw zullen manifesteren; vandaar de nieuwe IT-kosten voor hun re-eliminatie. ITIL®-auteurs gingen ervan uit dat *problem management* zou samenwerken met incidentmanagement, met als doel het identificeren en elimineren van de grondoorzaken van incidenten: in feite het verminderen van technical debt in de breedste zin van het woord. Samenwerken voorkomt isolatie en dus technical debt. We merken echter op dat, hoewel in de meeste moderne IT-afdelingen op zijn minst enige praktijk van incidentbeheer bestaat, het uiterst lastig is om een effectief problem management proces 'in het wild' te traceren.

DevOps besteedt veel aandacht aan het verminderen van technical debt, of beter het managen ervan. Twee van de meest gebruikte methoden zijn de volgende. Ten eerste maakt constante refactoring van de programmacode het mogelijk om rekening te houden met de ervaring die is opgedaan in het werkveld (het gebruik), en het werken aan het elimineren van eerder gecreëerde (bewuste of onbedoelde) knelpunten wordt gepland op dezelfde manier als het creëren van nieuwe functionaliteit. Ten tweede beveelt DevOps sterk aan om de praktijk van 'zo veel mogelijk issues onder ogen zien' te gebruiken om 'stagnatie' te voorkomen van problemen die iedereen kent, maar waarvoor niemand de handen uit de mouwen wil steken.

1.3.3 Elimineer kwetsbaarheden

Zoals vermeld in Agile methoden voor softwareontwikkeling, bevindt de IT-infrastructuur van de meeste organisaties zich in een zeer fragiele staat. Dit komt door veel gecombineerde factoren:

- Technische oplossingen werden geleidelijk, in de loop van jaren, gecreëerd, uit verschillende componenten.
- Grote systemen van derden worden gebruikt, sterk afgestemd op de bedrijfs-doelstellingen.
- Er worden *legacy* systemen voor interne ontwikkeling gebruikt, terwijl belangrijke programmeurs en teams mogelijk niet langer in het bedrijf werken.
- Een groot aantal systemen is op een zeer gecompliceerde manier met elkaar en met externe gegevensbronnen en consumenten geïntegreerd.
- De kwaliteit van de oplossingen is vaak suboptimaal vanwege de behoefte aan snellere implementatie en budgetbeperkingen.
- Onderhoudsactiviteiten voegen tijdelijke oplossingen als steun toe, gewoon 'om het licht aan te houden'.
- Documentatie van programmacode, architectuur, infrastructuur, technische oplossingen en zelfs contractuele verplichtingen laat nog veel te wensen over.

Gene Kim, Jez Humble, Patrick Debois en John Willis[18] merken op dat ironisch genoeg de meest gevoelige en bedrijfseigen systemen in organisaties de meest fragiele zijn. Het reduceren van de kwetsbaarheid van deze systemen is buitenge-woon moeilijk, vanwege de grote risico's van bedrijfsonderbreking, *zero tolerance* voor *downtimes* en de constante stroom van nieuwe wijzigingen en verbeteringen die specifiek betrekking hebben op deze systemen.

Echter, het blijven werken met een dergelijke onstabiele infrastructuur is gevaarlijk voor de carrière van IT-managers. Bovendien zijn er, naast de op handen zijnde problemen op de lange termijn, operationele problemen. Het aanbrengen van wijzigingen is een risico en daarom zijn passende tools nodig om dat te beperken: een lange en grondige verantwoording van elke verandering, planning, onder-handeling en goedkeuring, ontwikkeling, testen en ten slotte implementatie. Dit alles vertraagt de implementatie van wijzigingen aanzienlijk en heeft een negatief effect op het vermogen van de IT-organisatie om te innoveren.

DevOps biedt aan om de kwetsbaarheid van IT-systemen op de meest radicale manier te bestrijden: door haar totale eliminatie. In het traditionele paradigma werkt de nieuwe code pas als het testen bewijst dat het werkt. In DevOps daar-entegen is zowel de code als het systeem als geheel volledig functioneel op elk

---

18 Kim, G., J. Humble, P. Debois, J. Willis, The DevOps Handbook: How to Create Worldclass Agility Reliability and Security in Technology Organizations, 2016, ISBN 978-1942788003

moment, en als de volgende wijziging hun prestaties verstoort, rolt deze onmiddellijk terug en blijft het systeem goed werken.

In zijn boek *AntifrAgile: Things That Gain from Disorder*[19] bespreekt Nassim Taleb de kenmerken van complexe systemen en introduceert hij de volgende classificatie: fragiele (kwetsbare) systemen, veerkrachtige systemen en antifragiele systemen. Deze classificatie helpt bij het kiezen van een werkmethode: kwetsbare systemen hebben in de eerste plaats stabiliteit nodig, ze moeten zo weinig mogelijk worden veranderd en veranderingen moeten zowel voor als na de interventie zorgvuldig worden gecontroleerd. Veerkrachtige systemen zijn ontworpen met in het achterhoofd hun inherente complexiteit en kwetsbaarheid: mechanismen voor fouttolerantie en overleving zijn ingesteld en men hoeft zich minder zorgen te maken over de mogelijke negatieve gevolgen van storingen. Nog dichter bij perfectie zijn de zogenoemde 'antifragiele systemen' die evolueren wanneer ze worden beïnvloed door storingen en wanorde. En wanorde is de dagelijkse realiteit van bedrijfsinformatietechnologie.

Een van de goede praktijken van DevOps met betrekking tot antifragiliteit is de doelbewuste introductie van chaos en instabiliteit in de productieomgeving. Deze techniek is bekend onder verschillende namen: Game Day, Chaos Monkey, Simian Army, maar de essentie blijft ongewijzigd. Speciaal ontwikkelde software verstoort de werking van IT-systemen, servers, datatransmissie- en opslagsystemen, enzovoort, soms willekeurig en op onbekende tijden. Doelgerichte IT-systemen moeten op een onafhankelijke en snelle manier reageren om een fout te kunnen detecteren en hun normale werking te herstellen, idealiter op zo'n manier dat de eindgebruikers er niets van merken en de gegevens natuurlijk niet verloren gaan. Deze techniek kan worden uitgeprobeerd in een traditionele IT-afdeling, maar in veel bedrijven kan dit leiden tot een complete bedrijfsonderbreking.

Als voorbeeld: Chaos Monkey is een service die groepen systemen identificeert en willekeurig een van de systemen in een groep beëindigt. De service werkt op een gecontroleerd tijdstip (niet in het weekend en op feestdagen) en interval (alleen tijdens kantooruren). In de meeste gevallen zijn applicaties ontworpen om te blijven werken wanneer een component offline gaat, maar in deze speciale testgevallen willen we zeker weten dat er mensen in de buurt zijn om problemen op te lossen en ervan te leren.

We hebben dus drie hoofdtaken onderzocht die DevOps naar verwachting op zich zal nemen: het verkorten van de time-to-market, het verminderen van technical debt en het elimineren van kwetsbaarheden. Elk van deze, afzonderlijk opgelost, kan aanzienlijke voordelen opleveren voor het moderne bedrijfsleven, maar de drie

---

19 Taleb, N., AntifrAgile: Things That Gain from Disorder, 2012, ISBN 978-1400067824

vormen samen een krachtige drijfveer voor veranderingen. Het onderzoek van elk van de taken werd afgesloten met een korte beschrijving van de relevante DevOps-werkwijzen. We moeten nu vaststellen dat de toepassing van deze werkwijzen alleen niet voldoende is als oplossing voor de aangegeven problemen. Het is noodzakelijk om de cultuur van de IT-organisatie aanzienlijk te veranderen, zodat niet alleen de gebruikte tools, methoden en technieken evolueren, maar ook de houding van IT-medewerkers ten opzichte van de belangrijkste aspecten van het werk van de onderneming: de rol van de klant, de waarde gecreëerd door informatietechnologie, tolerantie voor bekende tekortkomingen en de noodzaak van voortdurende verbetering. Blinde toepassing van DevOps-ideeën: bijvoorbeeld, 'Laten we een pijplijn bouwen, want zonder dat bestaat DevOps niet', zal waarschijnlijk leiden tot het fenomeen dat bekend staat als 'Cargocultus'. Deze stelling zal in meer detail worden besproken in paragraaf 5.5.

Laten we nu echter eerst even een stapje terug doen en aandacht besteden aan de oorsprong van DevOps.

■ 1.4   DE ONTSTAANSGESCHIEDENIS

Het lijkt erop dat een pragmatische beschouwing van een onderwerp geen onderdompeling in zijn geschiedenis vereist: doet het er echt toe, wie heeft wie ontmoet en wanneer, wat werd er besproken en wat bedachten ze?

Als u DevOps benadert als een reeks technieken die u alleen in uw organisatie moet 'implementeren', dan kunt u inderdaad dit gedeelte overslaan. Het succes van de DevOps-transformatie van elk bedrijf lijkt echter rechtstreeks van de mensen zelf af te hangen. Het zijn de mensen die hun manier van werken zouden moeten veranderen. En het zijn de mensen die dit misschien niet doen zonder nieuwe waarden aan te nemen en antwoorden te begrijpen op de vragen 'waarom?' en 'waarom nu?'. Laten we dus een beetje tijd besteden aan een retrospectieve reis, want er zijn specifieke persoonlijkheden achter alle gebeurtenissen die hierna worden beschreven, met hun vroegere en huidige motivatie.

Zoals besproken in paragraaf 1.1.1, zijn in de tweede helft van de jaren 2000 verschillende technieken zoals Agile, Scrum, XP en dergelijke op grote schaal toegepast op het gebied van softwareontwikkeling. Uitbreiden naar het operationele beheer was hoogstwaarschijnlijk slechts een kwestie van tijd. Een van de eerste gedocumenteerde pogingen werd gedaan in 2006, toen Marcel Wegermann een tekst publiceerde over de toepassing van de principes van Agile ontwikkeling op het werk van systeembeheerders[20]: hij stelde voor aparte systeemcatalogi op te nemen in het versiebeheersysteem, om systeembeheerders in paren te laten werken, en om *retrospectives* uit voeren op operationele activiteiten.

In 2008 vonden op de reguliere conferentie over Agile in Toronto twee belangrijke gebeurtenissen tegelijkertijd plaats. Andrew Shafer stelde voor een nieuw onderwerp 'Agile infrastructure' in het programma op te nemen, en Patrick Debois presenteerde 'Agile infrastructure and operations: how infra-gile are you?'[21] Ze hadden in veel opzichten gemeenschappelijke interesses, aangezien Shafer met zijn werkzaamheden van Development (ontwikkeling) naar Operations (beheer) ging, en Debois op dat moment gelijktijdig met ontwikkelaars en support werkte, en totaal verschillende benaderingen van werken zag in elk van de teams. Sinds 2007 was hij betrokken bij een groot datacenter-migratieproject. Volgens zijn memoires maakte de presentatie geen grote indruk op het publiek. Andere deelnemers aan de conferentie zeiden dat er ook niet voldoende publiek was. Uit verdere gebeurtenissen bleek echter dat degenen die kwamen, zeer geïnteresseerd waren in de geschetste ideeën en dat deze zelf werden voortgezet, en vrij snel.

In hetzelfde jaar 2008 sprak Luke Kanies, oprichter van de Puppet Labs, op een conferentie over open source software over *configuration management*, die naar zijn mening moest worden herzien. Zijn rapport trok de aandacht van John Willis, die later een sterke invloed had op de ontwikkeling van DevOps-ideeën. Het is vermeldenswaard dat de term DevOps op dat moment nog niet bestond.

De term DevOps werd opgepikt na de presentatie van John Allspaw en Paul Hammond op de Velocity-conferentie in 2009. De presentatie getiteld '10+ Deployed per Day: Dev and Ops Cooperation op Flickr'[22] maakte een onuitwisbare indruk op velen die al op een of andere manier geïnteresseerd waren in dit onderwerp. Patrick Debois besloot de eerste gespecialiseerde conferentie DevOpsDays te organiseren, die werd gehouden in Gent, België, in hetzelfde jaar 2009.[23] Gene Kim, die de presentatie bijwoonde, publiceerde in 2013 'The Phoenix Project'[24] en richtte het bedrijf IT Revolution op, dat het onderwerp promoot en twee keer per jaar de DevOps Enterprise Summit-conferentie[25] houdt.

Zo ontstonden de term DevOps en de gemeenschap van enthousiastelingen.

—

20 Davis, J., K. Daniels, Effective DevOps: Building a Culture of Collaboration, Affinity, and Tooling at Scale, 2016, ISBN 9781491926437; Chapter 3. A History of Devops
21 http://www.jedi.be/presentations/IEEE-Agile-Infrastructure.pdf
22 http://velocityconf.com/velocity2009/public/schedule/detail/7641
23 https://legacy.devopsdays.org/events/2009-ghent/
24 Behr, K., G. Spafford, G. Kim, The Phoenix Project: A Novel About IT, DevOps, and Helping Your Business Win, 2013, ISBN 978-0988262508
25 https://events.itrevolution.com

De '10+ Deploys per Day'-presentatie wordt momenteel beschouwd als het startpunt van de DevOps-beweging.

DevOpsDays is een extreem populaire gebeurtenis in het leven van de DevOps-gemeenschap, die verspreid is over vele landen.

DevOps Enterprise Summit is de grootste en meest representatieve DevOps-conferentie, zowel wat betreft het aantal deelnemers als de sprekers die worden geboekt.

Het Phoenix Project-boek lijkt het best verkochte boek over DevOps ter wereld te zijn.

Puppet Labs en IT Revolution-bedrijven behoren tot de prominentste en invloedrijkste spelers in de DevOps-markt.

De meeste van de bovengenoemde persoonlijkheden worden beschouwd als absolute goeroes onder de DevOps-illuminati van de wereld.

Terugkijkend kan men de volgende observaties maken. Ten eerste ontstonden de belangrijkste ideeën van DevOps als resultaat van intellectueel werk van mensen die op zoek waren naar oplossingen voor echte managementproblemen. Ten tweede heeft DevOps geen enkele *founding father* of een groep *fellows*; de sleutelfiguren kenden elkaar vooraf niet, zelfs niet als ze in dezelfde richtingen dachten. Ten derde, DevOps kan en mag geen auteursrechthebbende hebben die de ontwikkeling dicteert of definieert, of beperkingen op gebruik introduceert (hoewel sommige hebzuchtige commerciële bedrijven al afgeleide handelsmerken, zoals DevOps Foundation, reserveren). Ten vierde is het onderwerp DevOps zo nieuw dat het te vroeg is om collecties met bewezen recepten of universele methoden beschikbaar te hebben.

■ 1.5   VEELVULDIG GEUITE MISVATTINGEN

De beste manier om dit hoofdstuk te voltooien, is met een overzicht van veelvoor-komende misvattingen. Dit zal helpen om de grenzen van het fenomeen duidelijk te bepalen en ons in staat stellen verder te gaan met specifiekere zaken. De meest volledige dekking van alle misverstanden die we tegenkwamen, is niet ons doel. Voor dit hoofdstuk hebben we datgene geselecteerd wat helpt om te begrijpen wat DevOps is vanuit managementstandpunt, vergeleken met wat DevOps niet is.

1.5.1 DevOps is een onderdeel van Agile

Fans van moderne benaderingen van softwareontwikkeling verklaren soms dat DevOps niets meer is dan de voortzetting van Agile ideeën. De kern van zo'n beperkt beeld ligt in het feit dat Agile ontwikkeling het mogelijk maakt om relaties met de klant te leggen in termen van begrip van hun vereisten voor het softwareproduct en om dit softwareproduct snel genoeg uit te brengen. Het aloude probleem van 'Wat te doen met een vrijgegeven product, hoe het bruikbaar te maken en het te gebruiken' heeft nu een oplossing: DevOps! Iemand zal daar antwoorden op vinden op deze ongemakkelijke vragen.

Laten we bijvoorbeeld eens kijken naar het populaire SAFe-model (Scaled Agile Framework), dat is ontworpen om te helpen bij de ontwikkeling van Agile toepassingen voor middelgrote en grote organisaties.[26]

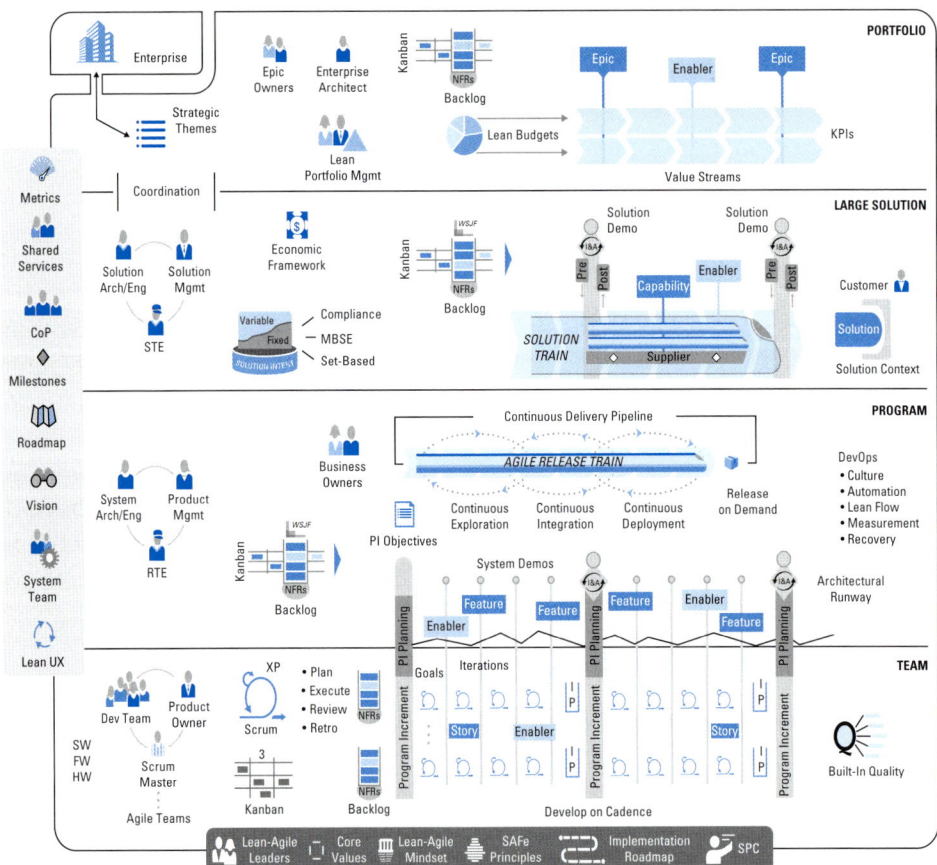

Figuur 1.11 SAFe-model, versie 4.6 (2018)

26 http://www.scaledAgileframework.com

DevOps bevindt zich aan de rechterkant van het model, ongeveer in het midden, in het programmagedeelte. Te oordelen naar de lettergrootte, komt de betekenis ervan ongeveer overeen met die van 'Backlog', 'Kanban' en 'Business Owners'. Eigenlijk zegt de beschrijving van SAFe[27]:

SAFe-bedrijven implementeren DevOps om silo's af te breken en stellen elke Agile Release Train (ART) en Solution Train in staat om voortdurend nieuwe functies aan hun eindgebruikers te leveren. In de loop van de tijd wordt de scheiding tussen Ontwikkeling en Operations (beheer) aanzienlijk verminderd. Het doel is eenvoudig: meerwaarde leveren.

Dit is absoluut een zeer beperkte visie op DevOps, om ten minste drie redenen. Ten eerste breidt DevOps, dat grotendeels gebaseerd is op Agile, de ideeën van Agile ontwikkeling uit tot Agile IT-productie in het algemeen, de hele organisatie, het hele proces, de volledige waardeketen. Ten tweede vereist het verkrijgen van het rendement van DevOps meer belangrijke culturele veranderingen in het bedrijf dan gewoonlijk het geval is voor Agile (zie paragraaf 5.5). Ten derde beperken de doelstellingen voor DevOps zich niet alleen tot het versnellen van levering: er is ook behoefte aan het verminderen van technical debt en het elimineren van kwetsbaarheden (zie paragraaf 1.3).

1.5.2   Bij DevOps draait alles om tools en automatisering
Een ander gezichtspunt is verbonden met het woord 'automatisering'. Softwaretools die de moderne IT-afdelingen hebben geholpen, hebben zich de afgelopen jaren vermenigvuldigd; vaak zijn er honderden van. Veel leveranciers verzekeren u dat het DevOps-tools zijn, of dat hun tools u de beste DevOps-tools bieden.

De marketingdruk van verkopers is erg hoog. Grote bedrijven zoals Computer Associates, Hewlett Packard en Microsoft zijn al lid van deze verkopersclub, met hun hoge omzetdoelstellingen en evenredige marketingbudgetten. Velen zullen een directe analogie opmerken met de geschiedenis van twintig jaar geleden, met de software voor het beheer van IT-services: de softwareleveranciers zeiden toen ook dat ITSM software was en dat men die alleen maar hoefde te installeren en dan zouden de processen vanzelf ontstaan. Slechts enkele leveranciers zien en bespreken serieus iets buiten de software om.

DevOps is inderdaad afhankelijk van de beschikbaarheid en effectiviteit van bepaalde automatiseringstools. Maar strikt genomen kan de set van deze hulpmiddelen worden teruggebracht tot een versiebeheersysteem voor het opslaan van alle broncodes en configuratiegegevens van de IT-infrastructuur en tot het pipeline automatiseringssysteem voor software *delivery*. Al het andere kan, zoals

—
27 http://www.scaledAgileframework.com/devops

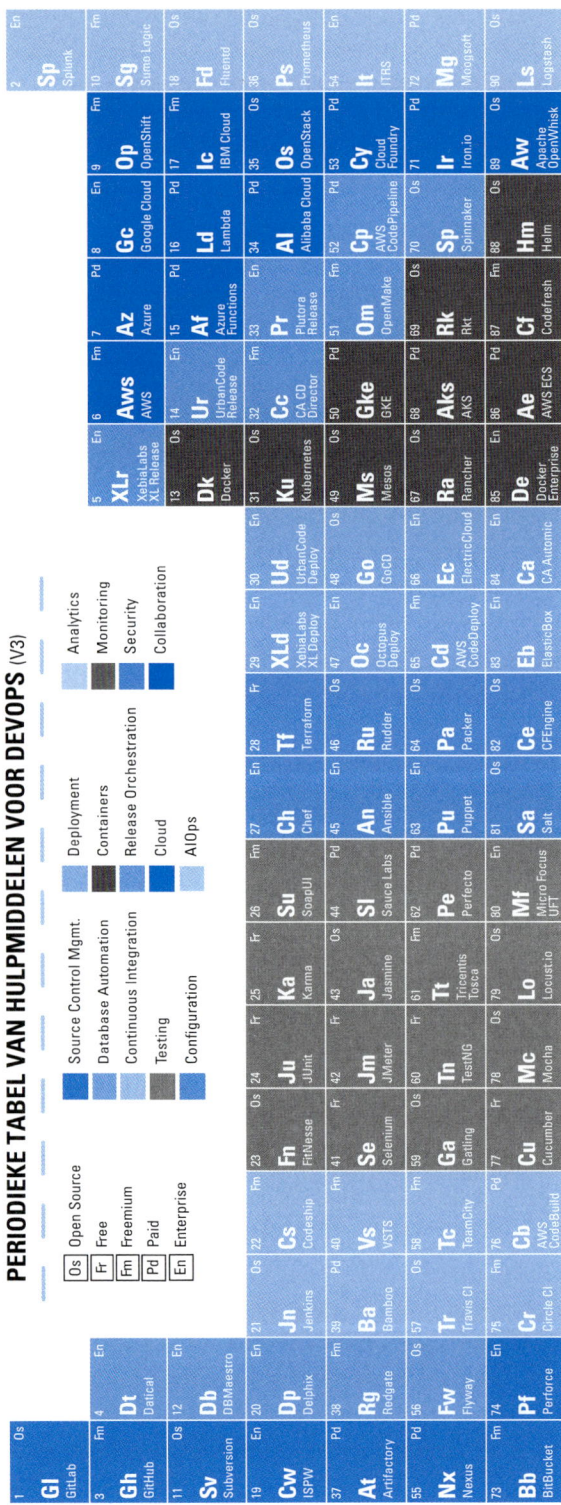

Figuur 1.12 'Periodiek systeem' van DevOps-tools door XebiaLabs[28]

28 https://xebialabs.com/periodic-table-of-devops-tools

ze zeggen, naar smaak worden toegevoegd. Hoewel individuele softwareoplossingen algemeen worden toegepast, is er geen en kan er geen universele lijst van verplichte DevOps-software zijn. Dit boek, waarin men het fenomeen in detail kan bestuderen zonder rekening te houden met softwareproducten, zonder zelfs maar hun namen te noemen, is de indirecte bevestiging dat een bepaalde implementatie van DevOps softwareonafhankelijk kan zijn.

1.5.3 DevOps is een nieuw beroep

Het volgende misverstand wordt de wereld in geholpen door wervingsbureaus en vacaturesites. Ze zeggen bijvoorbeeld dat een DevOps-medewerker een 'universele soldaat' is, die kan coderen, tests kan maken, kan implementeren en de infrastructuur kan beheren. Dat wil zeggen, hij[29] kan het werk van zowel de software-ontwikkelaar als de support engineer uitvoeren, en dat allemaal voor één salaris.

Een ander veelvoorkomend verschijnsel is de vervanging van het beroemde oude beroep van systeembeheerder door een meer modieuze DevOps-engineer. Als we naar deze vacatures kijken, is het al duidelijk uit de beschrijving dat ze helemaal niet over DevOps gaan.

> 'Een software-start-up zoekt een DevOps/systeembeheerder (Bitrix) om op afstand te werken.'
>
> Advertentie op de Staff search site, oktober 2017

De derde case is de DevOps-goeroe, die nodig is voor de 'implementatie' van DevOps in een bedrijf. Vergelijkbaar met een Agile coach of een Scrum Master.

Dit zijn allemaal ernstige misvattingen. DevOps is een ingrijpende verandering in de fundamenten van de IT-afdeling, wat niet mogelijk is door een aantal DevOps-engineers in te huren of door DevOps-goeroes uit te nodigen. Het vermogen om een pijplijn voor softwarelevering te implementeren garandeert geen succes (zie hoofdstuk 3 over het begrip 'pijplijn'). Het is onwaarschijnlijk dat kosten worden bespaard door DevOps-werkwijzen toe te passen, zoals al werd beschreven in paragraaf 1.3.1.

■ 1.6 SAMENVATTING

Laten we dit hoofdstuk afsluiten met een korte samenvatting van de belangrijkste informatie die aan de orde kwam. Voor een beter begrip en voor toekomstige

---

29 Hij of zij – we houden hierna 'hij' aan als dat het taalkundige geslacht is, maar voor 'hij' kan natuurlijk ook 'zij' gelezen worden, en omgekeerd.

verwijzingen naar het onderwerp en voor de communicatie met collega's wordt dit in grafische vorm weergegeven in de figuren 1.13 en 1.14.

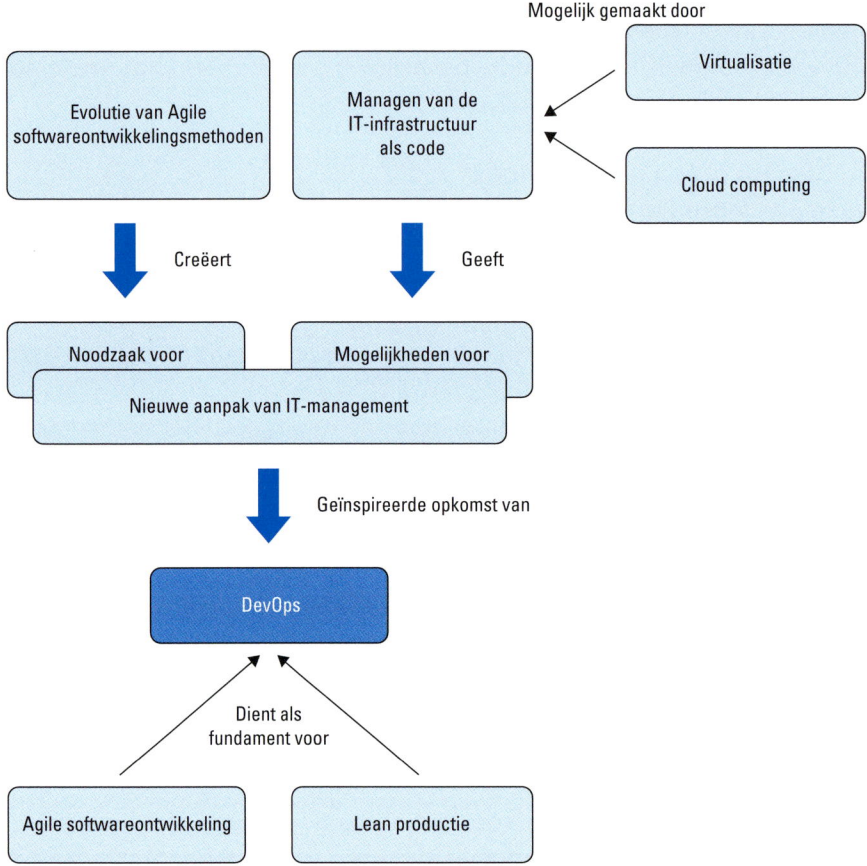

Figuur 1.13 Beeld van de wereld volgens DevOps

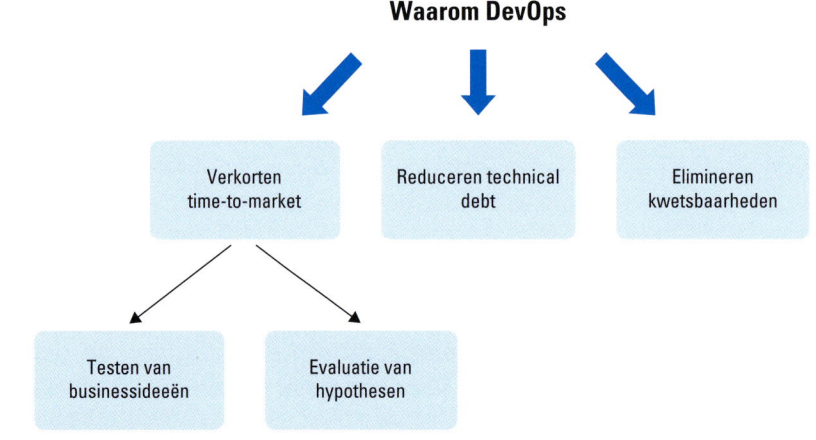

Figuur 1.14 Waarom DevOps

2 DE FOUNDATION

■ 2.1 LEAN PRODUCTIE

2.1.1 Belangrijkste feiten

Zoals vermeld in paragraaf 1.2 leunt DevOps zwaar op de principes en werkwijzen van Lean productie. Sommigen geloven zelfs dat DevOps over het algemeen uit niets anders bestaat, maar dat is niet waar. Om dit uit te leggen, moeten we kijken naar de basis van Lean productie. Dat geeft ons een goed idee van de basis waarop DevOps is gebouwd. Eenvoudig gezegd kan het idee van Lean productie worden teruggebracht tot het identificeren en elimineren van verspilling. Om deze verklaring beter te begrijpen, moeten we kort aandacht besteden aan het probleem dat Lean aanvankelijk probeerde op te lossen.

In de jaren 1930 was er een klein bedrijf genaamd Toyoda Automatic Loom Works, later hernoemd als Toyota. Dit onderzocht de kansen in de automarkt. Aan de ene kant was in die tijd de 'effectieve vraag', dat wil zeggen de hoeveelheid geld die mensen bereid waren om aan auto's te spenderen, laag. Dat betekende dat het product zo goedkoop mogelijk moest zijn. Aan de andere kant was de grootte van de markt zeer bescheiden, en dat betekende dat het niet mogelijk zou zijn om de principes van massaproductie en schaalvoordelen toe te passen. Het bedrijf besloot om zijn eigen weg te vinden, en verdere ontwikkelingen lieten zien dat het lukte. De jonge ingenieur Taiichi Ohno (1912-1990) was als werknemer bij de Toyota-fabriek het brein achter de creatie en ontwikkeling van de nieuwe productietechnologie. Hij stelde zich het ideale plaatje als volgt voor: de productie begint pas nadat de klant de bestelling geplaatst heeft en de nieuwe auto wordt direct na de fabricage geleverd. Om een hoge productiesnelheid te bereiken, was het wel noodzakelijk om alleen de bewerkingen uit te voeren die rechtstreeks bijdragen aan het maken van het product, en alle mogelijke verspilling te elimineren.

Bij Lean productie wordt veel aandacht besteed aan het voorkomen van verspilling. Binnen Lean kent verspilling drie gedaanten: Muda, Mura en Muri.

- Muda (verspilling): elke activiteit die beslag legt op resources, maar geen enkele waarde toevoegt is verspilling. Er zijn twee types Muda te onderscheiden:
  a. Verspillingen die niet direct te elimineren zijn. Dit zijn acties die geen waarde toevoegen, maar die om de een of andere reden noodzakelijk worden geacht. Deze vormen van verspilling kunnen niet gelijk worden uitgebannen.
  b. Verspillingen die snel te elimineren zijn door middel van Kaizen (zie para- graaf 4.8). Dit omvat de activiteiten die geen waarde toevoegen en onnodig zijn. Deze activiteiten staan het eerst op de lijst om te worden uitgebannen. Deze verspillingen worden zo veel mogelijk zonder enige investering opgelost, het mag geen geld kosten (Low Cost Automation).
- Mura (onregelmatigheid, onbalans): wisselend belasten van mens en machine; alle ongelijkheden binnen een voortbrengingsproces (grote tempowisselingen; pieken en dalen; hollen en stilstaan).
- Muri (overbelasting): onevenredig (lees: te zwaar) belasten van mens en machine; produceren boven man- of machinecapaciteit. Een voorbeeld is een werknemer die te veel taken moet verrichten, waardoor hij harder moet werken dan gezond is.

Muda is de bekendste en staat voor alle activiteiten die geen waarde toevoegen. Oorspronkelijk onderkende Taiichi Ohno zeven verspillingen. Later is hier door Shigeo Shingo een achtste verspilling aan toegevoegd: skills, het onbenut laten van talent, het niet benutten van de kennis van de medewerkers. Al deze verspillingen worden herkend en aangepakt. Dit wordt door de medewerkers zelf georganiseerd. De verspillingen zijn:

- *inventory* – voorraden aanhouden of buffers maken;
- *overprocessing* – overbewerking, meer doen dan nodig is;
- *overproduction* – overproductie, meer maken dan nodig is;
- *transport* – zaken of mensen verplaatsen zonder toegevoegde waarde;
- *waiting* – wachten op zaken of mensen, enzovoort;
- *motion* – beweging, zoeken naar spullen of mensen, of onnodige menselijke beweging;
- *defects* – fouten, afkeuring;
- *skills* – onbenut talent, niet benutten van kennis.

De originele lijst van Taiichi Ohno (dus exclusief skills) is hierna weergegeven; de over- eenkomstige verspilling in IT is ontleend aan de publicaties van Mary Poppendieck en Tom Poppendieck[1].

---

1   Poppendieck, M., T. Poppendieck, Lean Software Development: An Agile Toolkit, 2003, ISBN 978-0321150783

Verspilling	Uitleg in IT-termen
Inventory Analogie van verliezen in IT: gedeeltelijk uitgevoerd werk	Onvolledig werk levert geen waarde op voor de eindklant, terwijl er wel middelen voor zijn gebruikt. De waarderealisatie van het onvoltooide werk kan niet worden geëvalueerd vanwege de afwezigheid van feedback van de klant. De resultaten van onafgewerkt werk dat is gedaan om onderbenutting van de resources uit te sluiten, kunnen achterhaald zijn of zijn in de toekomst niet meer nodig.
Overprocessing Analogie van verliezen in IT: extra processen	De extra processen zijn alle stappen van elk proces, behalve voor analyse, programmering en implementatie van de applicatie. Inclusief: documentatie, coördinatie, planning, rapportage, enzovoort.
Overproduction Analogie van verliezen in IT: extra features	Alle extra functies gebruiken middelen van de gehele waardeketen: voor analyse, codering, testen, implementatie en operationele activiteiten. Tegelijkertijd wordt een aanzienlijk deel van de functionaliteit van software niet door klanten gebruikt, dat wil zeggen dat het geen waarde toevoegt. Bovendien zorgen extra functies voor extra potentiële faalpunten.
Transport Analogie van verliezen in IT: wisselen van taak	Wisselen van taak leidt tot tijdsverlies, onder meer door focussen en zich verdiepen in de context. In het algemeen zal de totale tijd van het gelijktijdig uitvoeren van meerdere taken aanzienlijk meer zijn dan de totale tijd besteed aan het uitvoeren van dezelfde taken achter elkaar.
Waiting Analogie van verliezen in IT: wachten	In een bepaald stadium op iets wachten leidt tot vertraging van de hele waardeketen. Typische vertragingen in verband met wachten in IT zijn: wachten op een beslissing, wachten op het toewijzen of de vrijgave van resources, wachten op de voltooiing van het documenteren van de vorige stappen, wachten op de cycli van de organisatie (bijvoorbeeld budget of andere goedkeuring).
Motion Analogie van verliezen in IT: overdracht	Het verkrijgen van de informatie die nodig is om het werk te voltooien kan veel tijd of middelen kosten. Overdracht van artefacten die zich in dit stadium voordoen, kan niet-lineair worden gedaan, het is een complex proces en vereist ook tijd of middelen. Voor dit alles is fysieke verplaatsing van personeel of documentatie vaak noodzakelijk.
Defects Analogie van verliezen in IT: fouten	Fouten hebben negatieve gevolgen voor de gezondheid van IT-systemen. Het effect kan steeds groter worden naarmate de fout langer in het systeem zit. Zelfs kleine fouten kunnen in de loop van de tijd tot ernstige verliezen leiden.

Figuur 2.1 Typen productieverspilling en hun analogieën in IT

Zoals te zien is in figuur 2.1, zijn bijna alle soorten verspilling van de oorspronkelijke lijst van Lean productie relevant voor het gebied van de informatietechnologie. Sinds de eerste informatie over het productiesysteem van Toyota werd gepubliceerd en de hiervoor genoemde basisideeën begrepen werden, zat de uitbreiding van de oorspronkelijke lijst naar IT in de mindset van veel volgers. Verschillende auteurs stelden voor om de volgende soorten verspilling toe te voegen:

- managementkosten (in essentie alles wat wordt gedaan door het management, niet door werknemers);
- producten of diensten die niet voldoen aan de verwachtingen en behoeften van de klant (dit resoneert met de klassieke definitie van kwaliteit);
- falen door de medewerkers niet te betrekken bij het verbeteren van processen en technologieën;
- onvoldoende opleiding van personeel;
- gebruik van onjuiste meetwaarden of helemaal geen metingen uitvoeren;
- inefficiënt gebruik van informatiesystemen (automatisering van lage kwaliteit, evenals verspilling door onproductief gebruik van informatietechnologie, zoals games en sociale netwerken tijdens werkuren).

Natuurlijk, met een beetje fantasie kan de lijst met andere soorten verspilling worden uitgebreid; vergeet gewoon niet de basisprincipes van het verspillingsconcept en onthoud welke impact elk type heeft op managementbeslissingen in de praktijk. Over de principes gesproken, het volgende is het meest voorkomende: *verspilling is alles waar de klanten niet voor zouden betalen als ze een keuze hadden.* Het is duidelijk dat deze verklaring te algemeen is en nauwelijks geschikt om het probleem op te lossen van het bepalen of een bepaalde taak waarde creëert of verspilt, vooral in grensgevallen. Is bijvoorbeeld een voorlopige architectuurplanning van een IT-systeem een verspilling? Is het testen van de integratie van verschillende broncodes en modules een verspilling? Naar mijn mening kan voor praktische toepassing het basisprincipe nauwkeuriger worden geformuleerd: *verspilling is de handeling die niet noodzakelijk is om het gewenste resultaat te bereiken, en die kan worden vermeden of geminimaliseerd door het proces te wijzigen.*

Een praktische toepassing van Lean productie kan worden beschreven met de volgende reeks stappen:
1. gebruik gespecialiseerde hulpmiddelen om verspilling te identificeren;
2. pas andere gespecialiseerde hulpmiddelen toe om verspilling te elimineren of te verminderen;
3. herhaal stap 1;
4. ga door;
5. WINST!!!

Lean productie maakt gebruik van veel interessante concepten, werkwijzen en hulpmiddelen. DevOps leent er veel van, zoals de waardestroom en het in kaart brengen van waardestromen (*value stream mapping*), snelle probleemverwijdering, stabiele en gelijkmatige voortgang, één taak per tijdseenheid, het identificeren en elimineren van knelpunten en beperkingen, continue verbetering, pullsysteem en werkvisualisatie. Sommige hiervan zullen worden besproken in de volgende hoofdstukken.

2.1.2   Uitdagingen

Hoewel de ideeën van Lean productie behoorlijk aantrekkelijk zijn, ervaren organisaties die deze principes in hun werk proberen te gebruiken, enkele moeilijkheden.
Zelfs als men niet naar de toepassing van Lean op het gebied van informatietechnologie kijkt, maar naar een bredere ervaring in het organiseren van productie,
kan men zien dat de ideeën van Lean productie mogelijk niet het verwachte effect
hebben. De belangrijkste reden is dat er een vrij ingrijpende herstructurering van
de organisatie voor nodig is: niet alleen en niet zozeer vanuit het perspectief van de
dagelijkse praktijk en tools, maar eerder vanuit het perspectief van principes. Deze
veranderingen vereisen een andere bedrijfscultuur dan die de meeste organisaties
hebben. Medewerkers moeten gemeenschappelijke waarden delen, vaak verschil-
lend van die in 'traditionele' bedrijven. Laten we eens naar een voorbeeld kijken:
een werknemer die door de productiehal loopt, ziet dat er motorolie is gemorst op
de vloer naast een van de werkende machines. In een Lean gerichte organisatie kan de werknemer er eenvoudigweg niet omheen om eerst de boel in orde te
maken omdat hij begrijpt dat dit kan (en hoogstwaarschijnlijk zal) leiden tot kwali-
teitsreductie van de producten, of een productievertraging. In een vergelijkbare
situatie in een gewoon bedrijf zal een werknemer waarschijnlijk er gewoon langs-
lopen, omdat die er zeker van is dat dit werk buiten zijn taken valt; er zijn speciaal
opgeleide mensen in de organisatie wiens verantwoordelijkheid het is om orde op
zaken te stellen. Het is duidelijk dat het ontwikkelen van een andere, subtiele cultuur
bij alle personeelsleden een complexe, kostbare en langdurige managementtaak
is. Uit publicaties blijkt dat sommige organisaties dit helemaal niet kunnen; in veel
gevallen duurt de cultuurverandering jaren, zo niet tientallen jaren.

Er is een interessant en bekend verhaal over een poging om de Toyota-
praktijken in een compleet andere omgeving te verspreiden, namelijk bij
General Motors. in het kort waren de gebeurtenissen als volgt.

Van alle GM-autofabrieken was de fabriek in Fremont, Californië, de
slechtste in termen van zowel productkwaliteit als management. De situatie
verslechterde zo ver dat werknemers openlijk tijdens hun diensten dronken en
gokten op de werkplek, terwijl managers er niets aan konden doen. In 1982
werd de fabriek gesloten.

Rond dezelfde tijd probeerde Toyota de Amerikaanse markt te betreden,
waarvoor een lokale productiefabriek nodig was. De beste oplossing leek
een samenwerking met een bestaande speler te zijn: Toyota zou snel van
start kunnen op de lokale markt en de partner zou toegang krijgen tot
Toyota-technologieën, inclusief managementtechnieken. In 1984 werd
dezelfde fabriek in Fremont heropend onder de naam New United Motor
Manufacturing, Inc. (NUMMI). Sommige werknemers, waaronder voormalige
vakbondsleiders, hielden hun werkplek. Ze werden opgeleid in Japan en de

stijl van managen werd afgedwongen door buitenlands personeel. In korte tijd werd de fabriek de beste in termen van zowel de productkwaliteit als de productiecultuur. Om het zachtjes uit te drukken, de Japanners verrichtten een klein wonder.

Natuurlijk moest dit succesverhaal worden gerepliceerd. De volgende geselecteerde fabriek was Van Nuys, met dezelfde problemen als die van Fremont. Alle pogingen om iets te veranderen of te verbeteren mislukten echter totaal, ondanks de betrokkenheid van ervaren managers van de reeds succesvolle NUMMI-fabriek.

'Je kunt veel dingen anders zien. Maar het enige wat u niet ziet, is het systeem dat de NUMMI-fabriek ondersteunt,' brachten GM-managers later in herinnering. 'Ik denk niet dat iemand in die tijd de aard van dit systeem begreep. General Motors was een soort van 'gooi het over de muur'-organisatie. [Het NUMMI-systeem] kan alleen maar slagen binnen een ecosysteem van organisatiecultuur, relaties met leveranciers, financieel management, HR en governance, ontworpen rond zijn filosofie.'

GM bracht de vijftien jaar erna door met het analyseren van de situatie en het bepalen van de businesscase voor het veranderen van het cultuur- en productiesysteem. Nog eens tien jaar verstreken met het proberen de wijzigingen door te voeren. In 2009 ging GM failliet en werd het gekocht door de Amerikaanse overheid. In 2010 werd de NUMMI-fabriek gesloten, maar Toyota bleef op de Noord-Amerikaanse markt met een marktaandeel van ongeveer 15% in termen van het aantal verkochte auto's.

Degenen die Lean trachten toe te passen in het belang van Lean, en niet om de bestaande problemen op te lossen, ondervinden vergelijkbare problemen. Dit komt op veel gebieden voor, we zullen er niet veel aandacht aan schenken. We zullen alleen opmerken dat Lean productie, net als andere managementprincipes en -hulpmiddelen, een manier is om doelen te bereiken die vooraf moeten worden gedefinieerd en vervolgens met de gegeven middelen moeten worden bereikt.

De uitdaging voor het toepassen van de Lean productieprincipes in het domein van informatietechnologie, is dat het niet eenvoudig is om een soort van productie-pijplijn te vinden op een gewone IT-afdeling. Tegelijkertijd worden de praktijken die in Lean worden gebruikt, zoals Andon en just-in-time (JIT), vaak geassocieerd met een pijplijn. Andon is een visueel hulpmiddel om de status van een proces direct duidelijk te maken. Bijvoorbeeld een lamp die gaat branden als er iets speciaals aan de hand is. Inderdaad, als we de softwareontwikkelingsafdeling beschou-wen als een afzonderlijke, onafhankelijke structuur, dan kunnen we een pijplijn identificeren die gerelateerd is aan de levenscyclus van de software. Deze pijplijn eindigt echter niet met het bieden van waarde aan de eindgebruikers (omdat deze beperkt is tot een van de IT-teams) en is daarom onvolledig. Het is nog moeilijker om een pijplijn te vinden in het operationele IT-beheer. Misschien is dat de reden voor sommige auteurs om IT-dienstverlening in een vorm van pijplijn te presenteren; de diepte van deze gedachte is moeilijk te meten voor iedereen die bekend is met de basisprincipes van ITSM.

Heel vaak is het werk van een IT-afdeling ongrijpbaar: het kan niet worden aangeraakt of zelfs maar worden gezien of geëvalueerd. Precies hetzelfde geldt voor de outputs: het functioneren van IT-systemen of IT-services is afhankelijk van het standpunt. De ongrijpbaarheid van voorraad, arbeid en product is in IT opvallend anders dan die in een productiefabriek.

Laten we de complexiteit van de Lean toepassing opnieuw bekijken met een prachtige metafoor, zoals gesuggereerd door de eerdergenoemde Mary en Tom Poppendieck: als we een restaurant als voorbeeld nemen, lijken informatiesystemen meer op recepten van de chef, en is de productie in de fabriek dichter bij het bereiden van maaltijden door de recepten te volgen die eerder zijn ontwikkeld. Het werk van de chef omvat het zoeken naar de elegantste, heerlijkste en meest gevraagde maaltijden, het vinden van de optimale manier om ze te produceren, het testen van deze manier, vaak in vele cycli, met vallen en opstaan, en het omvat de voortdurende verbetering van het menu. De productie van dezelfde gerechten door het personeel van het restaurant is dichter bij de pijplijn, waar producten worden gekookt volgens het verstrekte recept, waarbij hoort de lijst met noodzakelijke ingrediënten en de kooktechnologie.

Directe toepassing van de principes en ideeën van Lean productie is dus niet altijd zo eenvoudig als men zou wensen, vooral niet als we kijken naar de details van de moderne IT.

■ 2.2 AGILE

2.2.1 Belangrijkste feiten

De oorsprong, ideeën en principes van Agile zijn besproken in paragraaf 1.1.1. Agile dient als een stevige basis voor DevOps; zo stevig dat men van tijd tot tijd zelfs een stoutmoedige uitspraak van sommige enthousiastelingen kan horen, die zeggen dat er niets meer is dan Agile in DevOps. Net als bij Lean is deze uitspraak echter verre van waar.

Opgemerkt moet worden dat Agile oorspronkelijk een reeks principes en waarden is. Voor de praktische toepassing van deze principes, gebaseerd op deze waarden, vormen afgeleide producten de leidraad: een verscheidenheid aan software-ontwikkelmethoden. Er zijn er nu minstens een dozijn beschikbaar en de bekendste is Scrum.

Zonder in te gaan op de details van verschillende bronnen van kennis en zonder de bedoeling te hebben hun oorsprong te onderzoeken, kunnen we de belangrijke ideeën en praktijken van Agile benadrukken die het vaakst worden genoemd in DevOps:

- het vormen van kleine, onafhankelijke en zelfsturende teams (tot tien tot twaalf personen), bij voorkeur op dezelfde locatie als van de klant en gefocust op een beperkte scope;
- een op Sprints gebaseerd iteratief proces voor het maken en testen van de programmacode met de levering van een levensvatbaar product bij elke Sprint (iteratie);
- het onderhouden van een lijst met functionele en niet-functionele vereisten (*backlog*), die als input dienen voor de planning van de volgende iteratie;
- splitsing van de grote taken (*epics*) in kleine delen (*stories*), hun evaluatie in uitvoerbare eenheden voor prioritering;
- actieve betrokkenheid van de klantvertegenwoordigers;
- regelmatige korte stand-up meetings van het team om de geplande taken, de voortgang en de huidige problemen te bespreken;
- regelmatige retrospectives helpen het team om zichzelf te trainen en het werk te verbeteren.

Sommige van deze items worden in meer detail besproken in hoofdstuk 4.

2.2.2 Uitdagingen

Ondanks de hype rondom Agile op dit moment, stuit de toepassing van de Agile benadering van softwareontwikkeling in veel gevallen op problemen. Ten eerste dekt Agile slechts een deel van de waardeketen af, wat leidt tot een bescheiden algemeen effect. Dit is beschreven in paragraaf 1.1.1. Ten tweede houden Agile ontwikkelingsmethoden geen rekening met de bijzonderheden en de complexiteit van operationele activiteiten van informatietechnologie, waarbij de iteratieve benadering minder van toepassing is, althans indien botweg toegepast. Ten derde, als (volgens Scrum) de uiteindelijke output van het werk van het team bij elke iteratie slechts een deel nieuwe code is dat de regressietests heeft doorstaan, zal het werk van het team worden teruggebracht tot een constante Sprint, dag na dag, week na week, en krijgt het personeel steeds minder morele voldoening van het werk. Inderdaad, alleen teamleden kunnen de elegantie van de toegepaste algoritmen evalueren, terwijl de ontwikkelde software door een ander team wordt beheerd volgens verschillende regels. Sommige bedrijven melden een burn-out van hun werknemers na enkele tientallen iteraties.

Merk op dat de geschiedenis van Agile verre van compleet is; het blijft zich ontwikkelen. Het is ook opmerkelijk dat de sleutelfiguren zich bewust zijn van de complexiteit van het huidige moment: tien jaar na de publicatie van het Manifesto verzamelden ze zich opnieuw om de prestaties en problemen te bespreken. Een van de resultaten van de bijeenkomst was een lijst met twintig problemen van de beweging, die niet echt bedoeld zijn om openbaar te worden besproken.[2] De volgende zijn daar onderdeel van:

- het directe commerciële belang van veel oprichters die mislukkingen censureren;
- doen alsof agile geen business is;
- moeilijkheden en negatieve gevallen stilhouden;
- falen in het beschrijven van de context waarin sommige praktijkgevallen werken of niet werken, een voortdurende terugkeer naar dogma's, onverdraagzaamheid en claims van universele toepasbaarheid;
- wazige en onbewezen zakelijke waardepropositie;
- verhoging en accumulatie van technical debt.

Dit alles betekent niet dat Agile moet worden afgeschreven. Integendeel, dit zijn allemaal redenen om praktische knowhow te gebruiken, om door te gaan, naar DevOps.

Het is interessant om te lezen hoe Philippe Kruchten, die aanwezig was op de gedenkwaardige bijeenkomst ter gelegenheid van het jubileum van Agile in 2011, de eerste jaren van het bestaan van het idee samenvatte:

'De Agile beweging is in zekere zin een beetje zoals een tiener: zeer zelfbewust, voortdurend het uiterlijk in een spiegel bekijkend, weinig kritiek accepterend, alleen geïnteresseerd in zijn collega's, en alle wijsheid uit het verleden verwerpend, gewoon omdat het uit het verleden is, rages en nieuw jargon overnemend, soms verwaand en arrogant. Maar ik twijfel er niet aan dat ze verder zal rijpen, opener zal worden naar de buitenwereld, reflectiever en dus ook effectiever.'

---

2 https://www.infoq.com/articles/agile-teenage-crisis

3 DE PRINCIPES

Het is handig om principes te scheiden van practices. Natuurlijk kan elk van deze twee woorden verschillende betekenissen hebben, dus we moeten het eerst eens zijn over de definities. Onder 'principes' verstaan we *de belangrijkste ideeën waarop DevOps is gebaseerd*; als deze niet worden geadopteerd en toegepast heeft DevOps weinig betekenis. Onder 'practices' (praktijkhandelingen of werkwijzen) verstaan we *activiteiten uitgevoerd volgens principes om een gewenste uitkomst te produceren*. De principes blijven ongewijzigd voor elke organisatie die DevOps toepast, terwijl de werkwijzen hoogstwaarschijnlijk zullen worden aangenomen en aangepast afhankelijk van de specifieke context.

> 'Wat de methoden betreft zijn er misschien wel een miljoen, maar er zijn maar weinig principes. Degene die principes begrijpt, kan met succes zijn eigen methoden kiezen. Degene die methoden probeert en principes negeert, zal zeker problemen krijgen.'[1]
>
> Harrington Emerson, Amerikaans ingenieur en bedrijfstheoreticus, pionier van de wetenschappelijke managementdiscipline, 1911

De kernprincipes die worden beschreven door internationale DevOps-experts, komen in dit hoofdstuk aan de orde. In hoofdstuk 4 zullen we de practices bespreken.

■ 3.1 WAARDESTROOM

Een van de belangrijkste concepten van DevOps, geleend van Lean productie, is de waardestroom (*value stream*). Dit concept wordt al lang gebruikt, maar met de uitbreiding van de praktische toepassing ervan verschenen er nieuwe publicaties

---

1   https://www.goodreads.com/quotes/346365-as-to-methods-there-may-be-a-million-and-then

die het onderwerp in voldoende mate vanuit een praktisch perspectief behande-len.[2]

Het is nuttig om het werk van een organisatie te beschouwen als het creëren van waarde als reactie op het verzoek van een consument. De acties die worden uitge-voerd om aan de vraag te voldoen staan opgesteld in een reeks met de naam 'waardestroom'. Doorgaans verwerkt een organisatie een verscheidenheid aan verschillende verzoeken. Tegelijkertijd werkt een traditionele organisatie aan verschillende producten of diensten. Er zijn dus veel waardestromen in het bedrijf.

Werken aan de stroomvisualisatie staat bekend als 'value stream mapping'. Het begint bij de selectie van een product: soms het product met de grootste moge-lijkheden voor optimalisatie; soms het product dat de snelste significante verbete-ringen belooft, en tegelijkertijd materiaal verstrekt om de methode te bestuderen. Mapping gebeurt in twee stappen: eerst wordt een *as-is* ('zoals het is') plaatje gemaakt en vervolgens een *to-be* ('zoals het moet worden'). De studie van de 'to-be map' is om twee redenen belangrijk. Ten eerste helpt het om lokale optima-lisatie te vermijden, wat hierna zal worden besproken. Ten tweede maakt begrip van de gewenste eindtoestand het mogelijk om een realistisch verbeteringsmecha-nisme op te zetten, met een zo duidelijk mogelijke richting van verbetering.

In feite is de value stream mapping exercitie eenvoudig: men moet eerst de belangrijkste stappen van de aanvraagverwerking identificeren, het werk docu-menteren dat bij elk van deze wordt uitgevoerd, en vervolgens deze stappen in de juiste volgorde van creatie voor het resultaat rangschikken. Een van de moei-lijkheden is het buitensporige detailniveau, wanneer de resulterende map niet op één blad past. De auteurs van de hiervoor genoemde boeken bevelen aan om het aantal mapblokken te beperken tot vijftien om verder te werken met de map gemakkelijker te maken. De tweede moeilijkheid is om het eens te worden over wat de precieze stappen zijn, en hoe en door wie ze worden uitgevoerd. In sommige organisaties bestaat er geen algemeen begrip van het proces, wat leidt tot vele uren van geschillen.

Als de map eenmaal is opgebouwd, kan deze worden gevuld met verdere belang-rijke details. Het kan handig zijn om de namen van de verantwoordelijke rollen of mensen toe te voegen. Het is ook een goed idee om de stappen te specificeren waar de wachtrijen in afwachting van verwerking zich ophopen; of de stappen waarbij vertragingen optreden als gevolg van het wachten op een geplande

---

2   Wij bevelen het volgende aan:
    ■ Rother, M., J. Shook, Learning to See: Value-Stream Mapping to Create Value and Eliminate Muda, 2009, ISBN 978-0966784305
    ■ Martin, K., M. Osterling, Value Stream Mapping: How to Visualize Work and Align Leadership for Organizational Transformation, 2014, ISBN 978-0071828918

gebeurtenis, zoals een maandelijkse CAB-vergadering (*change advisory board*) of een budgetherziening per kwartaal. Ten slotte bestaat de waardevolste informatie uit drie metrieken voor elke stap van de stroom, namelijk de doorlooptijd of Lead Time (LT), procestijd of Process Time (PT) en het percentage voltooid en nauwkeurig ofwel Percent Complete and Accurate (%C/A). Het in de praktijk berekenen van deze meetwaarden is een grote uitdaging voor een organisatie die niet is uitgerust met relevante hulpmiddelen en werkwijzen. De medewerkers die de stream mapping uitvoeren, hebben de neiging de LT- en PT-indicatoren te onderschatten. Soms gaan mensen juist uit van extreme gevallen waarin verzoeken te lang zijn behandeld en overschatten daarmee de doorlooptijd. De situatie met de %C/A-waarde is meestal nog erger, omdat deze waarde voor elke stap meestal onbekend is en alleen kan worden geraden. Het is belangrijk om de stroom 'as-is' in kaart te brengen, omdat het noodzakelijk is om de dagelijkse praktijk te bestuderen in plaats van een versie gedocumenteerd in verschillende richtlijnen, of die alleen bestaat in de fantasieën van de managers of die slechts van toepassing is in uitzonderlijke gevallen.

Een voorbeeld van een value stream map wordt in figuur 3.1 gegeven.

Waarom hebben we value stream mapping nodig en waarom is dit streamconcept zo belangrijk voor DevOps? Ten eerste heeft het oefenen met het maken van een map en het begrijpen van de as-is waarden van de sleutelstatistieken een ontnuchterend effect op de deelnemers aan het proces. Meestal begrijpt men dat de huidige praktijk enkele punten van inefficiëntie heeft, maar niemand weet hoe erg het in feite is, vooral niet in aantallen. In het voorbeeld is de verhouding van productieve tijd besteed aan het creëren van het gewenste resultaat (waardecreatie) en de totale tijdsbesteding slechts 18%. De waarde in het voorbeeld staat niet ver van de werkelijkheid; vergelijkbare cijfers zijn typerend voor gemiddelde IT-afdelingen. De situatie is zelfs slechter met de %C/A-indicator als de organisatie de gewoonte heeft om terug te keren naar de vorige stappen die onvolledig zijn bevonden of afwijken van de opdracht.

Ten tweede helpt een visuele weergave van het proces om zich te concentreren op de gecreëerde waarde in plaats van op de acties die worden uitgevoerd. Meestal hebben werknemers en managers de neiging om hun dagelijkse taken (het 'wat' van hun werk) goed te zien en te begrijpen, terwijl ze het verwachte resultaat missen (het 'waarom').

Ten derde helpt de value stream map knelpunten te identificeren en te elimineren, terwijl de valkuil van lokale optimalisatie wordt vermeden: tijd en moeite besteed aan het elimineren van beperkingen die helemaal geen effect zouden hebben, of waarvan het effect te verwaarlozen zou zijn. In overeenstemming met de theorie

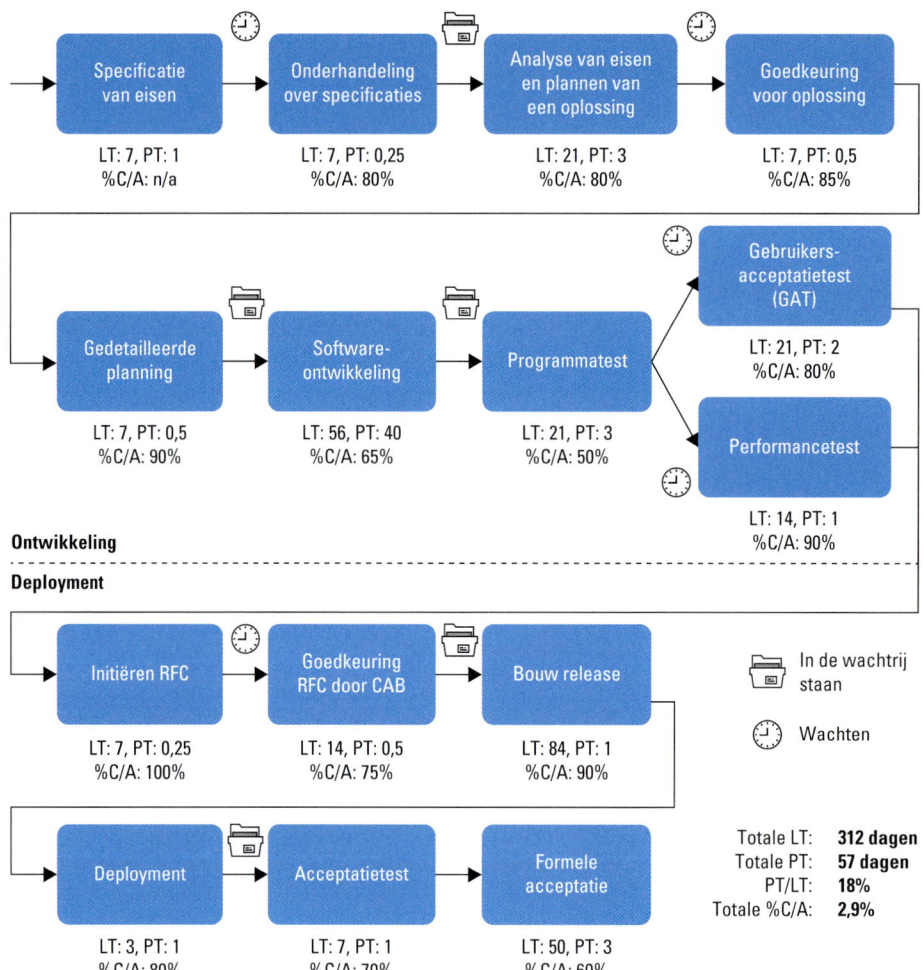

Figuur 3.1 Voorbeeld van een value stream map

van beperkingen, voorgesteld door Eliyahu Goldratt,[3] is er op een bepaald moment slechts één echt knelpunt in welk systeem dan ook dat vertraagt. Het werk en de inspanningen die worden besteed aan iets anders dan het elimineren van dit knelpunt, is verspilling. Met value stream mapping is het dus mogelijk om een waardestroom te behandelen als een holistisch systeem. Het helpt om bedrijfsprocessen te optimaliseren.

Er zijn meestal verschillende vragen na de stream mapping:
1. [%C/A]: Waarom laten enkele stappen %C/A-waarden lager dan 100% zien, en hoe kunnen we bereiken dat fouten die worden overgedragen van de ene stap naar de andere (en dus verspilling van tijd en middelen door herbewerking) volledig afwezig zijn?

---

3 https://www.tocinstitute.org/theory-of-constraints.html

2. [LT]: Wat draagt precies bij aan de doorlooptijd, afgezien van de creatie van het product, en hoe kunnen we verloren tijd in wachtrijen en wachten drastisch verminderen?

3. [PT]: Hoe kunnen we de werkmethoden wijzigen om de verwerkingstijd bij elke stap te verkorten?

Dit optimaliseringswerk moet niet worden beperkt tot het analyseren van de as-is map om de statistieken proberen te verbeteren. Integendeel, het is noodzakelijk om een to-be map te ontwikkelen, die heel anders kan zijn dan de huidige werkpraktijk. Dit is precies waar DevOps-tools en -praktijken kunnen helpen om de manier waarop de IT werkt te veranderen.

En ten slotte, de vierde reden voor value stream mapping: bewustzijn van de waardestroom helpt bij het realiseren van een van de belangrijkste ideeën van DevOps: een soepele en uniforme stroom in het proces, van stap naar stap die het mogelijk maakt om continu, ritmisch, zonder onnodige vertragingen en met optimaal gebruik van bronnen de output te leveren.

■ 3.2 DEPLOYMENT PIJPLIJN

Het begrijpen van de waardestroom (value stream) is een noodzakelijke en belangrijke stap op weg naar DevOps. Het is echter niet voldoende om met de stroom 'op papier' te werken. De factoren die werden beschreven in paragraaf 1.1 maken het mogelijk om de volgende belangrijke stap te zetten: het bouwen van een deployment pijplijn (implementatiepijplijn). De noodzaak om iets te bouwen als een pijplijn wordt duidelijk geïllustreerd aan de hand van het volgende voorbeeld: probeer de tijd te noteren die nodig is om een nieuwe regel code in een van uw applicaties van kracht te laten worden in de productieomgeving. Als het resultaat in dagen, weken of maanden wordt uitgedrukt, moet uw waardestroom ernstig worden herzien. De deployment pijplijn wordt ingeroepen om deze revisie te ondersteunen, wat de meest geautomatiseerde overgang van alle stappen van de wijzigingen in de waardestroom betekent. Het begint bij het punt 'ontwikkeling is voltooid' tot 'geïnstalleerd in de productieomgeving'.

De werking van de deployment pijplijn kan worden geïllustreerd aan de hand van het schema in figuur 3.2.

De pijplijn start automatisch nadat de ontwikkelaar een nieuw stuk programmacode in het versiebeheersysteem plaatst, en tegelijkertijd wordt de informatie over de wijziging vastgelegd: wie heeft de wijziging aangebracht, wanneer is deze gemaakt en wat is er veranderd? Als reactie op het nieuwe record wordt automatisch de vereiste tijdelijke testomgeving gemaakt, waarbij de vooraf ontwikkelde

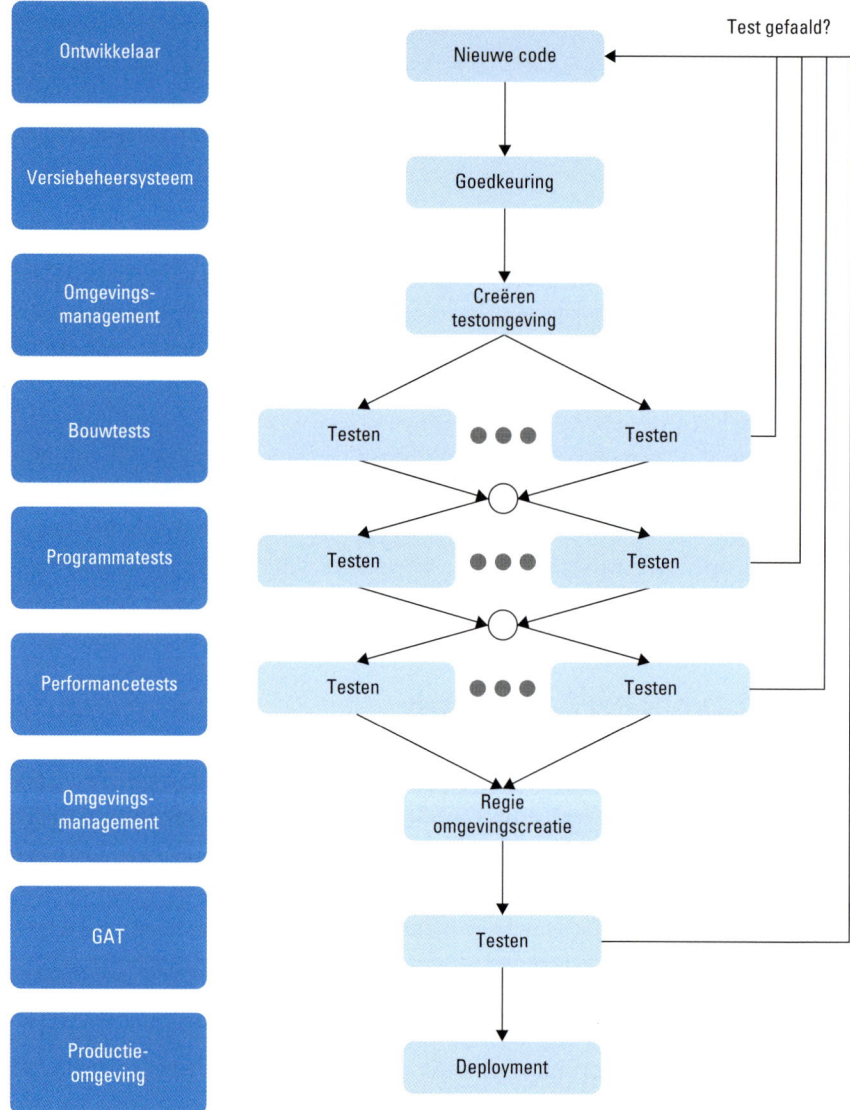

Figuur 3.2 Deployment pijplijn

tests op volgorde worden gestart. De logica van de testvolgorde is eenvoudig: tests die de meerderheid van de fouten detecteren, bevinden zich aan het begin van de pijplijn. Alle tests die handmatig werk vereisen (indien van toepassing) worden aan het einde van de pijplijn geplaatst. Als een van de tests niet slaagt, krijgt de ontwikkelaar feedback en wordt de pijplijn voor deze wijziging onderbroken. Om de pijplijn opnieuw te starten, moet de ontwikkelaar de programmacode repareren. Naast de testomgeving is het mogelijk om automatisch andere omgevingen te creëren die voor de pijplijn vereist zijn. De resources die door deze omgevingen worden ingenomen, worden na gebruik automatisch vrijgegeven. Uiteraard is parallelle uitvoering van verschillende tests mogelijk, als dit wordt toegestaan door de testlogica en als het geen onproductief gebruik van resources introduceert voor het testen van wijzigingen die kunnen worden geweigerd in de vorige stappen van de pijplijn.

De pijplijn helpt dus om met vier belangrijke DevOps-taken om te gaan. Ten eerste worden resources bespaard door de volgende stappen niet te starten voordat de vorige stappen zijn voltooid. Ten tweede handhaaft de pijplijn de kwaliteit van het product. Wijzigingen die niet presteren zoals verwacht zullen de productieomgeving niet bereiken en het systeem werkt altijd (dit wordt later behandeld). Kwaliteit heeft hier betrekking op alle aspecten van functionaliteit, prestaties, beschikbaarheid, beveiliging, enzovoort. Ten derde versnelt de pijplijn de levering van wijzigingen in de productieomgeving door de automatisering van elke stap te maximaliseren. En ten vierde laat de pijplijn voortdurend records achter in de auditlogs, waarmee alle wijzigingen die worden aangebracht kunnen worden bewaakt, en nauwkeurige metingen mogelijk zijn in alle stappen van de pijplijn, wat waardevolle gegevens biedt voor de optimalisatie ervan.

Implementatie van de deployment pijplijn introduceert de volgende uitdagingen:
1. Overdreven enthousiasme voor automatisering ten koste van ideologie (processen, mensen en cultuur) leidt tot het creëren van opmerkelijk geautomatiseerde pijplijnen die niemand gebruikt. De oplossing ligt voor de hand: DevOps is niet alleen automatisering, en ieder lid van het team zou dit moeten begrijpen.
2. Aanvankelijk zijn er niet voldoende vooraf ontwikkelde tests om te zorgen voor een stabiele werking van de pijplijn. Er is geen andere oplossing voor dit probleem dan de dekking van de code met tests te vergroten: de geaccumuleerde technical debt moet vroeg of laat worden uitbetaald.
3. In de eindstatus zijn er zoveel tests dat het passeren van een wijziging door de pijplijn te lang gaat duren en aanzienlijke computerresources vereist, vooral in het geval van een grote hoeveelheid kleine wijzigingen. Bedrijven die dit probleem ondervinden, maken actief gebruik van de zogenoemde Test Impact Analysis. Deze enigszins onjuiste, maar reeds gevestigde naam, houdt een werkwijze in waarbij het testsysteem met behulp van speciale tekens en kunstmatig intelligentiegereedschap, die tests selecteert uit de verscheidenheid aan tests die betrekking hebben op de voorgestelde wijziging, zonder de resterende tests uit te voeren.

Velen geloven dat de naam 'pijplijn' is gekozen naar analogie van een assemblagelijn, bijvoorbeeld in een autofabriek. Anderen geloven dat het woord pijplijn verwijst naar een vloeistof of andere substantie die door leidingen stroomt en dat de pijplijn voor de implementatie deze analogie zou moeten volgen. Beide meningen zijn onnauwkeurig. Zoals de auteurs van de term, Jez Humble en David Farley[4], uitleggen, is het idee ontstaan vanuit de pijplijntechniek die wordt gebruikt in moderne processors, waar prestatieverbeteringen niet alleen kunnen worden bereikt door de klok- frequentie te verhogen. De gebruikte architecturale oplossing is de parallelle uitvoering van instructies die aanvankelijk in volgorde werden geplaatst. Om dit te doen, moet de processor de resultaten van de verwerking 'raden' in een parallelle stroom, ervan uitgaande dat ze zullen worden gerealiseerd zoals vereist om berekeningen uit te voeren in de huidige stroom. Als dat niet het geval is, worden de resultaten van de berekeningen weggegooid. De tijd die verloren gaat door deze 'ongelukkige gok' wordt meer dan goedgemaakt door de versnelling in die gevallen waarin de gok wel klopte.

Een goed geïmplementeerde deployment pijplijn maakt het dus mogelijk om ontwikkelen en testen onafhankelijk in de tijd van elkaar te doen: er wordt verondersteld dat testen succesvol zal zijn, dus kan er doorgegaan worden naar de volgende batch werk. Dezelfde logica wordt toegepast op de parallelle tests.

Voor DevOps zijn nog drie andere concepten van belang die verband houden met de deployment pijplijn: continue integratie, continue levering en continue imple- mentatie (*continuous integration*, *continuous delivery* en *continuous deployment*). De interpretaties van deze concepten variëren; de volgende beschrijving is geba- seerd op de mening van de experts van wie ze afkomstig zijn.

Het is gebruikelijk om continue integratie te begrijpen als het proces van de constante assemblage van programmacode; 'continu' betekent elke keer dat een ontwikkelaar een wijziging aanbrengt in het versiebeheersysteem. De gebruikelijke werkwijze van softwareontwikkeling omvat vele afzonderlijke paden van code, waar verschillende programmeurs en teams lange tijd (dagen, weken en maanden) aan werken om nieuwe functionaliteit te creëren. Aan het einde van elk deel van de ontwikkeling, of erger nog, na het wachten op alle teams die aan één product werken voordat hun ontwikkeling voltooid kan worden, begint een pijnlijk proces van het samenvoegen van alle wijzigingen in een enkele *build*. Omdat er veel programmeurs zijn, die over het algemeen asynchroon werken, en ieder van hen op grote veranderingen werkt, gedurende lange tijd, wordt het integratieproces een tijdrovende klus, die enkele weken kan duren. Het is inderdaad belangrijk om alle wijzigingen mee te nemen, deze met elkaar te vergelijken, de tests bij te werken door rekening te houden met de wijzigingen en vergelijkingen, een aantal of alle eerder ontwikkelde functionaliteiten te herschrijven en dit allemaal te herhalen

---

4   Humble, J., D. Farley, Continuous Delivery: Reliable Software Releases through Build, Test and Deployment Automation, 2010, ISBN 978-0321601919

totdat de nieuwe code is ingevoerd naar de operationele staat. Integreren is een belangrijke fase in de ontwikkeling van software, en in feite de eerste test. Verdere werkzaamheden zijn sterk afhankelijk van het succes van de integratie.

Continue integratie, voor het eerst beschreven in 1999 in Ken Becks boek *Extreme Programming Explained*, stelt voor om de integratie te vereenvoudigen en er een routine van te maken. Verwacht wordt dat programmeurs zullen werken in een minimaal aantal paden, idealiter in een gemeenschappelijke uniforme codebasis. Er wordt ook verondersteld dat ontwikkelaars minimale wijzigingen aanbrengen, elk met een klein risico, waarbij onmiddellijk het integratieproces start; dus dat elke programmeur zijn code minstens één keer per dag in het versiebeheersysteem plaatst. Initieel testen wordt automatisch uitgevoerd bij elke integratie en maakt het mogelijk om fouten onmiddellijk te identificeren en te corrigeren, wat betekent dat het systeem altijd in werkende staat wordt gehouden.

Continue levering, in 2010 in detail beschreven door Jez Humble en David Farley in het boek *Continuous Delivery*, breidt het idee van continue integratie uit: elke opslag van de gewijzigde code in het versiebeheersysteem triggert het assemblageproces en de volledige deployment pijplijn. Daarom worden alle wijzigingen die niet volledig en succesvol zijn getest niet geaccepteerd en moeten deze onmiddellijk worden gecorrigeerd. En alle foutloze wijzigingen zorgen ervoor dat het systeem volledig gereed is voor implementatie in de productieomgeving.

Continue implementatie betekent een overgang van de status van 'het systeem dat altijd klaar is om te worden geïmplementeerd, met alle wijzigingen die zijn aangebracht', naar de status dat elke wijziging onmiddellijk geïmplementeerd wordt in de productieomgeving. Deze overgang vereist een nieuwe definitie van de releasetermijn: niet de IT, maar de business beslist wanneer bepaalde nieuwe functionaliteit beschikbaar zal zijn. Technisch gezien is het al aanwezig in de productieomgeving, onmiddellijk na het voltooien van de ontwikkeling en het testen, maar de activering ervan kan aanvullend worden uitgevoerd via programma-instellingen, bijvoorbeeld wanneer dit door de marketingafdeling wordt vereist. Deze praktijk staat bekend als Shadow Release of Dark Launches.

Al deze methoden zijn gebaseerd op hetzelfde hiervoor beschreven deployment pijplijnprincipe.

■ 3.3   ALLES MOET WORDEN OPGESLAGEN IN EEN VERSIEBEHEERSYSTEEM

Moderne softwareontwikkelaars zijn gewend aan versiebeheersystemen. De eerste tools van dit type, de zogenoemde 'source code storage systemen', ontstonden in de jaren zeventig. Tegenwoordig is het moeilijk om een programmeur te vinden die niet bekend is met Git, Subversion of Mercurial. En niet alleen de programmeurs: ook veel webmasters gebruiken deze systemen om de broncode op te slaan, en ook kopieën van de productieomgeving, bijvoorbeeld voor geïnterpreteerde internet-systemen of websites.

DevOps breidt het gebruik van dergelijke systemen uit, zoals op veel andere gebieden. Bij DevOps gaat het erom dat niet alleen de broncode wordt opge-slagen, maar absoluut alles met betrekking tot het IT-systeem: tests, scripts voor het maken en wijzigen van databases, buildscripts, scripts voor het maken van omgevingen (inclusief de ontwikkelomgeving), deploymentscripts, artefacten, bibliotheken, documentatie, configuratiebestanden, zelfs ontwikkelingshulpmid-delen zoals *compilers*, Integrated Development Environments (IDE), enzovoort. Het zou passend zijn om voor elk element van deze lijst 'alles' te plaatsen: alle tests, alle scripts enzovoort. De enige uitzondering is de binaire code na de compilatie, want deze neemt meestal een aanzienlijke hoeveelheid ruimte in beslag (vooral als deze na elke wijziging opnieuw wordt gemaakt) en kan worden gereproduceerd als al het andere in het opslagsysteem aanwezig is.

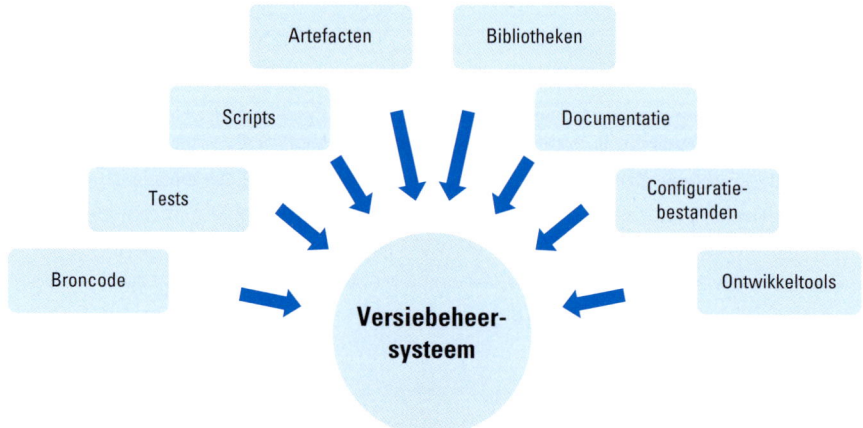

Figuur 3.3 Versiebeheersysteem

Dit principe zorgt voor een ongeëvenaard niveau van beheer van alle samen-gestelde delen van het systeem, wat met andere hulpmiddelen onhaalbaar is. Natuurlijk vereist de toepassing van dit principe een verandering in de cultuur van werken met informatie en configuraties.

Een uitvloeisel van dit principe is het vermogen dat er bepaald kan worden wat er is veranderd, wanneer en door wie. Een ander belangrijk kenmerk is de mogelijkheid dat het systeem hersteld kan worden naar hoe het was op elk gewenst moment in het verleden, inclusief het met minimale inspanningen terugzetten van het defecte systeem naar een gegarandeerde werkende staat. Een andere opkomende functie, hoewel minder belangrijk, is dat ieder lid van het team vrijgelaten kan worden om overbodige bestanden en documenten te verwijderen, zonder dat het risico van onbedoeld verlies van belangrijke informatie of product ontstaat. Het is bekend dat naarmate het product zich verder ontwikkelt, het aantal begeleidende bestanden toeneemt, evenals het aantal aangebrachte wijzigingen. Het opruimen van het puin is riskant, tenzij er een continu aangemaakt gecontroleerd exemplaar is.

■ 3.4   GEAUTOMATISEERD CONFIGURATIEBEHEER

De traditionele werkwijze van veel organisaties is als volgt: een nieuwe server wordt gemaakt op basis van een vooraf gedefinieerde configuratie, vervolgens stelt de beheerder deze handmatig in en installeert en configureert aanvullende softwarepakketten, zowel systeempakketten als applicaties. Als het nodig is om de set pakketten of hun configuraties te wijzigen, maakt de beheerder verbinding met de server onder zijn account en voert hij handmatig de nodige instellingen uit.

Deze praktijk is volledig onmogelijk in de DevOps-wereld: wijzigingen in elke omgeving kunnen alleen worden aangebracht door scripts die zijn opgeslagen in het versiebeheersysteem. DevOps herstructureert volledig het beheer van de productieomgeving (evenals alle andere omgevingen). Als bijvoorbeeld morgen een nieuwe bibliotheek in de testomgeving nodig is, moet de beheerder het script bijwerken voor het maken van de testomgeving, dat testen en in het versiebeheersysteem plaatsen. Het maken van omgevingen gebeurt automatisch wanneer de deployment pijplijn wordt uitgevoerd.

Veel van de eerder beschreven verschillen tussen DevOps en de gebruikelijke praktijk hadden vooral invloed op de ontwikkeling en het testen, en raakten slechts incidenteel de belangen van het operationele beheer. Dit principe vereist een volledige reorganisatie van het werk van IT-support en -activiteiten. Inderdaad, op dit punt hebben beheerders niet het recht om iets in de productieomgeving op hun gebruikelijke manier te veranderen.

Het is een algemene misvatting dat DevOps compleet ingrijpt wanneer ontwikkelaars beheerdersrechten krijgen in de productieomgeving, wat de verantwoordelijkheid vervaagt en de betrouwbaarheid van het systeem ondermijnt. In feite kan worden gesteld dat zelfs beheerders nu hun rechten in de productieomgeving wordt onthouden, omdat ze vanaf nu niets meer mogen veranderen dan door volledig gecontroleerde scripts.

DevOps-configuratiebeheer biedt dezelfde voordelen als die van het totale versie-beheer, maar nu zijn de primaire begunstigden de mensen die in *operations* werken. Nu worden alle wijzigingen gecontroleerd en vastgelegd in de configuratie (het versiebeheersysteem), en het systeem kan snel worden hersteld naar de vorige stabiele status indien nodig. Als de sleutelfiguren vertrekken (c.q. de organisatie verlaten), gaat de kennis niet verloren, enzovoort.

Sommige liefhebbers van DevOps verdedigen deze praktijk zo ijverig dat ze het gebruik van een auditsysteem voor de IT-infrastructuur aanbevelen om ongeoor-loofde wijzigingen op een site te detecteren, gevolgd door een onmiddellijk ontslag van de werknemer die erin is geslaagd een server of een netwerkelement handma-tig te configureren. Voor kleine en middelgrote bedrijven lijkt deze praktijk overdre-ven, maar als er duizenden servers en honderden technici zijn, is er misschien geen andere manier om duurzaamheid, kwaliteit en snelheid te garanderen.

Sommige teams gaan zelfs nog verder: beheerderswachtwoorden voor verschil-lende omgevingen worden regelmatig en automatisch gewijzigd, zonder deze nieuwe wachtwoorden aan het IT-personeel te melden. Dit voorkomt dat in een productieomgeving onbevoegde wijzigingen worden doorgevoerd; hoewel deze praktijk van toepassing is op alle omgevingen: ontwikkeling, testen en andere.

■ 3.5   DE DEFINITION OF DONE

De traditionele houding van een gemiddelde werknemer ten opzichte van het werk kan grofweg worden bepaald door de zin: ik heb mijn werk gedaan, ik ben klaar. Inderdaad, mensen worden betaald voor wat ze doen. De analist definieert func-tionele vereisten – zijn werk is voltooid. De ontwikkelaar heeft de programmacode geschreven – hij heeft zijn deel van het project voltooid. De testers hebben de test gedaan – ze hebben hun rol uitgevoerd, enzovoort. Alles is echter compleet anders in DevOps.

Een van de belangrijkste principes is: het is niet wanneer iemand zijn taak heeft gedaan dat het werk klaar is, maar wanneer de klant de waarde heeft ontvangen of krijgt die hij verwachtte. Dit betekent dat de gehele waardestroom volledig is doorlopen naar de productieomgeving; alleen dan zal het werk als voltooid worden beschouwd.

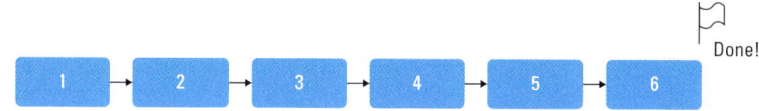

Figuur 3.4 Definition of Done

Hoewel dit principe vanzelfsprekend lijkt, komt het volgen ervan niet op organische wijze tot stand; het vereist managementinspanningen. Door deze inspanningen kunnen de volgende voordelen worden behaald:
1. Het team richt zich niet op het doen van het werk (wat we doen), maar op de resultaten, de waarde voor de klant (waarom we het doen).
2. Beperkte verantwoordelijkheid voor bepaalde werkgebieden ('Geen klachten over de knoppen?') wordt vervangen door een collectieve verantwoordelijkheid voor het algemene resultaat van het team ('Het pak moet passen').

Radicaal ingestelde DevOps-liefhebbers dringen aan op een meer rigide Definition of Done. De suggestie is dat nieuwe functionaliteit alleen wordt gemaakt wanneer de applicatie in de productieomgeving wordt uitgevoerd en alle assemblage-, test- en implementatieactiviteiten automatisch worden uitgevoerd.

■ 3.6 SAMENVATTING

Om dit hoofdstuk samen te vatten denken we even terug aan de definitie van de beginselen die we in het begin hebben gegeven. Er staat: 'Principes zijn de belangrijkste ideeën waarop DevOps is gebaseerd; als deze niet worden geadopteerd en toegepast, heeft DevOps weinig betekenis.'

Zonder begrip, acceptatie en gebruik van de waardestroom (value stream), deployment pijplijn, volledig versiebeheersysteem, geautomatiseerd configuratiebeheer en de Definition of Done, kan men spelen met DevOps-werkwijzen zolang men wil, maar het resultaat zal nooit significant zijn.

4 KEY PRACTICES

■ 4.1 BELANGRIJKSTE VERSCHILLEN MET TRADITIONELE WERKWIJZEN

In de vorige hoofdstukken hebben we gesproken over de achtergrond en oorsprong van DevOps, de basis, de relatie met Agile ontwikkeling en Lean productie en over belangrijke principes die DevOps mogelijk maken. Op dit punt zal een waakzame lezer van dit boek, wiens beroep binnen een duidelijk omschreven gebied valt (zoals programmeren, analyse of architectuur), denken dat hij waarschijnlijk al een goed beeld heeft van wat DevOps is, van wie het nodig zou hebben en waarom, en van wat het omvat. Helaas, met publicaties over IT-management, of het nu ITIL®, COBIT of DevOps is, werkt het niet zo. De lezer begrijpt waarschijnlijk alle loffelijke zaken die hiervoor zijn beschreven, maar hij wil ook de echte antwoorden op specifieke vragen krijgen: Wat is DevOps in de praktijk? Wat moet precies worden gedaan en hoe?

Gelukkig is er een pragmatische aanpak, die duidelijk de essentie van het feno-meen illustreert in vergelijking met een conventionele, 'traditionele' werkwijze: door het benadrukken van de verschillen zal het belangrijkste duidelijk worden. We hebben deze benadering gebruikt in de trainingen, workshops en bedrijfssimulaties over DevOps, uitgevoerd door Cleverics; deze ervaring helpt om de vergelijking zo beknopt mogelijk te maken, overbodige details weg te laten en de levendigste voorbeelden te selecteren.

4.1.1 Een release is een routine

Elke release was altijd een grote uitdaging in het dagelijkse werk van een IT-afdeling. In de regel bevat een release verschillende wijzigingen om tegemoet te komen aan verzoeken van verschillende klanten. Bovendien werden aan de release wijzi-gingen toegevoegd die geïnitieerd waren door de IT-afdeling zelf: wat nodig was om de systemen in gebruik te houden of om de prestaties te verbeteren (systemen stabieler, veiliger, sneller, enzovoort te maken). Het testen en valideren van zo'n grote release is een taak op zich: het vereist aandacht en tijd, en kost veel resources.

Iedereen weet dat de kans bestaat dat er iets fout gaat, daarom werd de volgende aanpak gehanteerd:

- Documenteer alle veranderingen (in feite werd niet alles gedocumenteerd).
- Zorg ervoor dat er back-ups worden gemaakt (voor grote systemen vereist dit veel ruimte en tijd, extra belasting op systemen en netwerken, en nog steeds vergeet iemand een back-up van enkele belangrijke bestanden).
- Plan *fall-back* acties met stapsgewijze instructies om het systeem (indien mogelijk) naar zijn oorspronkelijke staat terug te laten keren wanneer er iets misgaat (dit is vooral interessant in gevallen waarin de release gedeeltelijk is geïnstalleerd en gedeeltelijk niet).
- Plan releases in overeenstemming met het overeengekomen wijzigingsschema en de afgesproken uitrolmomenten.
- Implementeer ten slotte de release – en daarbij werden een vrij groot aantal bewerkingen handmatig uitgevoerd (en werden geen tussentijdse resultaten geregistreerd).

Afhankelijk van hoe grondig elk item op deze lijst is verwerkt, kan de duur van de gehele implementatie variëren van een paar dagen tot meerdere weken. Het aantal slapeloze nachten van de beheerders en ontwikkelaars hangt af van de grootte van de release, de staat van het IT-systeem en de inspanningen die vereist zijn om de release voor te bereiden en te distribueren.

In DevOps is een release een routine. Releases worden wekelijks en zelfs dagelijks uitgevoerd. Natuurlijk vereist dit een drastische vermindering van de omvang van de aangebrachte wijzigingen, maar dat niet alleen. Het is ook noodzakelijk om de werkwijze van het voorbereiden en distribueren van releases radicaal te herzien. Laten we ter herinnering nog eens kijken naar de pijplijn en de werkwijze van continue integratie en continue levering. Door deze principes kunnen alle wijzigingen in het versiebeheersysteem gedocumenteerd worden, de meeste bewerkingen uitgevoerd worden met geautomatiseerde hulpmiddelen, alle wijzigingen gelogd worden, en kan de monitoring van nieuwe en gewijzigde componenten onmiddellijk na de implementatie ingesteld wordt. Als er problemen zijn met de implementatie, zal de pijplijn de voortgang automatisch stoppen, de reeds gemaakte wijzigingen ongedaan maken en het team op de hoogte brengen, zodat er actie kan worden ondernomen.

Al minstens vier jaar bereidt het bedrijf Puppet samen met verschillende andere organisaties het jaarlijkse State of DevOps-rapport voor.[1] Het rapport van 2017 is gebaseerd op input van ongeveer 3.000 respondenten van verschillende bedrijven in verschillende economische sectoren; in totaal werden door de jaren heen meer dan 27.000 mensen bevraagd. De auteurs van het rapport verdelen grofweg alle

---

1   https://puppet.com/resources/whitepaper/state-of-devops-report

respondenten in drie groepen: IT-teams met hoge, gemiddelde en lage produc-tiviteit. De beste manier waarop de stelling dat 'release een zaak van routine' is, kan worden geïllustreerd, is door te kijken naar het verschil in de frequentie van imple-mentaties. Voor IT-teams met lage productiviteit ligt de mediaanfrequentie in het bereik van wekelijks tot maandelijks, terwijl high-performance teams verschillende implementaties per dag doen.

4.1.2   Een release is een zakelijke beslissing

Strikt genomen wordt de term 'release' niet helemaal correct gebruikt in de voor-gaande paragrafen. Het punt is dat een release in ITSM en een release in DevOps verschillende definities hebben. Voor klassiek IT-beheer (is het echt mogelijk om ITSM 'klassiek IT-beheer' te noemen?) is een release een groep wijzigingen die geza-menlijk worden geïmplementeerd in de productieomgeving. Een release in DevOps betekent dat een nieuwe functionaliteit geheel of gedeeltelijk beschikbaar is voor gebruikers. Om precies te zijn, hadden we het woord 'deployment' moeten gebrui-ken.

In de dagelijkse praktijk is een release een IT-beslissing. Er zijn een releasebeleid en een releaseplanning die de releasefrequentie en -schaal definiëren, en zelfs regels voor het benoemen en nummeren van versies. Het bedrijfsonderdeel dat behoefte heeft aan de nieuwe functionaliteit staat in de wachtrij en wacht tot de release volgt: de volgende maand (als ze geluk hebben), maar vaak één of twee kwarta-len later.

Bij continue implementatie in DevOps wordt de nieuwe functionaliteit geïmple-menteerd in de productieomgeving zodra deze is ontwikkeld en getest. Gebruikers merken er niets van totdat ze is geactiveerd. De activatie wordt uitgevoerd wanneer dit voor de businessunit noodzakelijk is in verband met zijn marketing-, promotie- of andere plannen en overwegingen. Deze werkwijze werd eerder genoemd in de deployment pijplijn (zie paragraaf 3.1); niet alleen wordt het releasemanagement in de handen van de klant gelegd, maar het staat ook toe om extra voordelen te behalen.

Ten eerste wordt de downtime tijdens releases drastisch verlaagd, tot nul (vandaar 'zero-downtime releases'). Ten tweede wordt het mogelijk om zogenoemde 'Blue-Green deployments' uit te voeren, waarbij twee exemplaren van de productie-omgeving worden gecreëerd: respectievelijk 'groen' en 'blauw'. Het overschakelen van gebruikers van een omgeving waarin ze nog steeds communiceren met de vorige versie van de applicatie, naar een andere omgeving waarin de nieuwe versie al draait, is een kwestie van minder dan een seconde. Ten derde kunnen bedrijven met een groot aantal gebruikers de techniek van zogenoemde 'kanarie[2]-releases' gebruiken, wanneer de nieuwe functionaliteit voor het eerst beschikbaar wordt voor een klein aantal gebruikers. Nadat ervoor gezorgd is dat alles vanuit technisch en marketingoogpunt in orde is, kan besloten worden om alle andere gebruikers over te zetten naar de nieuwe versie. De initiële segmentering wordt uitgevoerd door business units, volgens de logica die voor hen belangrijk en bekend is: afhankelijk van locatie, tariefplannen, klantenloyaliteit, enzovoort. En ten vierde beginnen veel bedrijven actief A/B-tests uit te voeren om bedrijfshypothesen te testen wanneer sommige gebruikers (de referentiegroep) met de oude versie van het systeem werken en anderen (de experimentele groep) de nieuwe versie gebruiken. Vergelijking van de meeteenheden van de sleutelgroepen maakt het mogelijk om bedrijfsideeën te testen en te valideren en de verdere ontwikkeling van het systeem aan te passen.

Aan een engineer van Facebook is eens de vraag gesteld: wat is de kans dat een bepaalde Facebook-gebruiker deelneemt aan een experiment zonder het te weten? De technicus antwoordde: 'Zeker 100%. We voeren constant meer dan twintig experimenten tegelijkertijd uit.'

Dit alles wordt alleen mogelijk als de definitie van een release wordt gewijzigd en de beslissing wordt overgedragen aan de business.

4.1.3   Alles is geautomatiseerd

Toegepast op IT, kan het beroemde (in Rusland) gezegde: 'Luiheid is de moeder van de uitvinding', worden omgezet in: 'Een luie beheerder zal uiteindelijk een script schrijven om minder te werken.' Op een traditionele IT-afdeling kan men lang wachten op het schrijven van de scripts, er is geen enkele *repository*, de vraag blijft wanneer het klaar is, de meeste bewerkingen worden nog steeds handmatig gedaan, zelfs de bewerkingen die vaak herhaald worden. Voorbeelden van deze operationele activiteiten:

■ het creëren van omgevingen (testomgeving, acceptatieomgeving);
■ configuratie van de infrastructuurcomponenten;
■ testen;
■ uitrol en implementatie, inclusief de configuratie van monitoringtools.

Verhoging van het niveau van beheersing is cruciaal voor DevOps zoals eerder in paragraaf 3.3 is beschreven. Alles moet worden opgeslagen in een

---

2   Gedurende verschillende eeuwen namen mijnwerkers naar de mijn een kooi mee met een kanarie: deze vogel is erg gevoelig voor methaan en koolmonoxide en sterft zelfs als hun concentratie in de lucht voor de mens niet significant is. Dit was een signaal voor de mijnwerkers om de mijn onmiddellijk te verlaten en terug te keren naar de oppervlakte.

versiebeheersysteem. DevOps vereist een totale automatisering van alle handmatige bewerkingen, in het bijzonder de hiervoor genoemde.

De omgevingen die vereist zijn voor de deployment pijplijn worden automatisch door scripts gemaakt, onder regie van het pijplijn-beheersysteem. Bovendien worden deze omgevingen na gebruik automatisch uitgeschakeld, waardoor bronnen vrijgemaakt worden. De configuratie van IT-infrastructuurelementen is uitgebreid besproken in paragraaf 3.4. Snelle werking van de pijplijn vereist een maximale automatisering van het testen. Handmatige tests blijven het laatste redmiddel, hoewel nieuwe oplossingen deze grens voortdurend verleggen: tegenwoordig kan men geautomatiseerd tests uitvoeren niet alleen van componenten, integratie, regressie, functionaliteit en prestaties, maar ook van gebruikersinterface, bruikbaarheid en acceptatie. Implementatie en distributie, de laatste stappen van de pijplijn, worden ook automatisch uitgevoerd, met de nodige aanpassingen aan de monitoring van systemen en applicaties. Dit laatste kan niet worden onderschat: kwaliteitscontrole maakt snelle feedback op nieuwe releases mogelijk. Ongeacht hoe goed we ook proberen de testomgeving als een productieomgeving te maken, het verschil kan nog steeds zichtbaar zijn na de implementatie. In dit geval kan een gebeurtenis opgenomen door een monitoringsysteem leiden tot een automatische *rollback* van de geïmplementeerde wijziging om de stabiliteit van de omgeving en van applicaties te garanderen.

Bovendien wordt bij de overgang van traditionele monolithische architecturen naar microservices volledige bewaking van componenten een dringende noodzaak: dit is de enige manier om niet alleen de beschikbaarheid te volgen, maar ook het feitelijke gebruik van een bepaalde service of serviceversie door andere services. Zonder deze controle zal de evoluerende architectuur zich niet kunnen ontwikkelen en zal deze permanent diensten accumuleren die al dood zijn, maar nog steeds verbonden zijn (meer details zullen worden besproken in paragraaf 5.3).

4.1.4 Incidenten worden onmiddellijk opgelost

Een typisch proces voor het beheren van service-incidenten, wanneer een gebruiker een fout meldt, is als volgt:

- Een gebruiker neemt contact op met de eerste lijn support via telefoon, e-mail, portal, online chat of mobiele applicatie.
- De medewerker in de eerste lijn (met wat hulp van de gebruiker, een geautomatiseerd systeem of kunstmatige intelligentie) registreert en classificeert de call, waarbij een prioriteit wordt gegeven voor verdere verwerking.
- De call wacht in de wachtrij op zijn beurt, dat kan soms even duren.

De afhandeling van infrastructuurincidenten (wanneer systeemfouten wordt gemeld door een IT-specialist of een monitoringsysteem), is ruwweg op dezelfde manier gestructureerd en eindigt met een wachtrij. De wachtrij is een belangrijk besturingsmechanisme dat helpt de supporttaken op orde te krijgen en evenredig te verdelen over de bronnen. Het is ook nodig omdat het oplossen van incidenten soms lang kan duren. Elk incident vereist onderzoek, diagnostiek, identificatie en implementatie van een (soms tijdelijke) oplossing – en in de overgrote meerderheid van de gevallen gebeurt dit allemaal handmatig.

Zo werkt het niet in DevOps. Als het incident wordt teruggevoerd naar een recente implementatie, zal het pijplijn besturingssysteem automatisch terugkeren naar de vorige bekende stabiele status. Menselijke tussenkomst is nog steeds nodig om de verandering te analyseren en te corrigeren, maar het is veel gemakkelijker en sneller, omdat de verandering vrij recentelijk is aangebracht, niet enkele maanden of jaren geleden. Alle schakels van de keten zijn bekend: het probleem dat moet worden opgelost, de klant, de ontwikkelaar, de tester.

In het geval dat iets kapot ging in de infrastructuur, is de gebruikelijke beslissing om de defecte component (bijvoorbeeld de applicatieserver) zonder veel onderzoek los te koppelen en dit gedeelte van de infrastructuur opnieuw te maken met behulp van de kant-en-klare scripts die eerder werden gebruikt om dit onderdeel te maken. Deze bewerking bespaart veel tijd, vergeleken met het traditionele proces. Inderdaad, als er tientallen servers worden beheerd door de IT-afdeling, kan men ze handmatig configureren, unieke en mooie namen verzinnen en ze koesteren. Maar als de IT-afdeling honderden en duizenden servers beheert, geeft dit te veel beperkingen en is het niet langer een productieve manier. Het DevOps-alternatief wordt vaak *cattle versus pets* (vee versus huisdieren) genoemd. Laten we niet vergeten dat DevOps maximale abstractie van de fysieke hardware impliceert ten gunste van virtualisatie, zoals beschreven in paragraaf 1.1.2.

4.1.5 Fouten worden onmiddellijk verholpen

In het werk van een typische IT-afdeling worden fouten die niet tijdens het testen ontdekt zijn, geopenbaard in de gebruiksfase en vervolgens geëvalueerd, geprioriteerd en in de wachtrij geplaatst. Er is niets mis met deze aanpak, behalve dan dat veel van de (vooral kleinere) fouten voor lange tijd en soms altijd in de wachtrij blijven, waardoor technical debt wordt opgebouwd. Door een lage prioriteit toe te kennen, stelt het team het herstel van dergelijke fouten lange tijd uit. Tegen de tijd dat het probleem aan de beurt is, is iedereen al lang vergeten wat voor soort fout het was, waarom deze gebeurde en hoe hij gerepareerd moet worden. Bovendien blijft er telkens belangrijker werk tussendoor komen. De fout vereist nu extra resources voor het herstel van de context, en de constante aanvoer van belangrijker werk tussendoor maakt het onmogelijk om de laag geprioriteerde fouten te elimineren.

Een andere praktische uitdaging is het schatten van de omvang van de constant groeiende rij fouten. Tien fouten – zijn die nog steeds draaglijk? En vijftig? Vijfhonderd? Hoe kan men fouten van verschillende prioriteiten, significantie of impact vergelijken? Kan een defect dat een week in de wachtrij stond, een beetje langer wachten? Wat als het een maand was? Of een jaar? Aangezien de fouten-wachtrij ergens diep in de ITSM-tool verborgen is, is het al een probleem om zich hiervan bewust te worden. Het probleem wordt nog interessanter wanneer we over-wegingen toevoegen, zoals 'het heeft geen zin om deze fout te herstellen, aange-zien we van plan zijn deze component toch binnen zes maanden te vervangen'. Om het plaatje nog realistischer te maken, moeten we eraan toevoegen dat de fout waarschijnlijk al minstens een jaar in de wachtrij staat en dat het van *plan* zijn om een component te vervangen niet betekent dat we deze *echt* zullen vervan-gen. En in de regel gebeurt dat niet binnen zes maanden.

In DevOps worden fouten op een andere manier hersteld. In overeenstemming met het principe moet het systeem altijd in goede staat zijn en om de technical debt te beheersen, moeten de meeste van de gedetecteerde fouten onmiddellijk worden verholpen, bijvoorbeeld binnen dezelfde of de volgende sprint, als het team Scrum gebruikt. In het geval van kleine defecten kan een langere tijd worden toegewe-zen, maar deze moet niet te lang zijn en moet worden gerespecteerd.

Zoals in veel andere DevOps-gevallen, vereist onmiddellijke fouthandeling een belangrijke transformatie van planning en prioriteren, en wijzigingen in de kern van de praktische werkwijze. Veel managers zijn het eenvoudigweg niet eens met het idee van onmiddellijk foutherstel. Evenzo waren ze voorheen niet akkoord met het ITSM-principe dat alle ontvangen calls zouden moeten worden vastgelegd. In dit geval is een van de methoden om gevonden fouten op dezelfde manier aan te pakken als nieuwe functionaliteit. Fouten en user stories vallen dan onder dezelfde wachtrij en worden gelijk behandeld. Inderdaad, de keuze voor een te implemen-teren user story is gebaseerd op dezelfde principes als de keuze voor een te repare-ren fout. Een nieuwe functionaliteit prioriteit geven boven het oplossen van fouten, is dezelfde managementbeslissing voor hetzelfde IT-systeem, dezelfde bronnen en dezelfde gebruikers. In dit geval raken klanten betrokken bij het beheer van techni-cal debt, wat zowel de betekenis van dit werk als de verantwoordelijkheid voor de resultaten sterk verandert.

4.1.6   Processen worden continu verbeterd

De manier waarop een conventionele IT-afdeling haar werkprocessen verandert, is nog erger. Externe consultants of een werkgroep van werknemers of zelfs een gespecialiseerde afdeling ontwikkelen een nieuwe leidraad. In de regel beschrijven ze een model dat tot op zekere hoogte de gewenste manier van werken weerspie-gelt. Zoals elk model, zal het allereerst een kloof introduceren tussen de gewenste praktijk en de gedocumenteerde beschrijving. Het is bijvoorbeeld moeilijk om alle mogelijke situaties en afwijkingen in te schatten, het is moeilijk om het motiverende deel te beschrijven en het is moeilijk om voldoende details te geven zonder ieder-een te verwarren en werknemers in robots te veranderen. De volgende kloof tussen realiteit en gedocumenteerde richtlijn treedt op wanneer de feitelijke prestaties afwijken van de verwachte prestaties. In sommige gevallen slaan werknemers processtappen over, in andere gevallen zullen ze proberen beter te werken dan de instructies aangeven. De derde kloof wordt gecreëerd door de procesautomatisering, waarvan processen sterk afhankelijk zijn. In veel gevallen wordt de configuratie van de proces-automatiseringstool aanzienlijk later gedaan dan de introductie van het nieuwe proces. Het werk wordt al op de nieuwe manier gedaan, maar het automatiseringssysteem is nog niet veranderd. Of erger nog, het werk wordt niet op de juiste manier uitgevoerd omdat het automatiseringssysteem nog niet kan worden gewijzigd. We kennen een bedrijf waar de gemiddelde tijd voor wijzigingen in het ITSM-systeem maximaal twee jaar bedraagt, wat leidt tot vertragingen in de procesoptimalisatie.

Al deze hiaten hebben een extreem negatieve impact op de dagelijkse praktijk. Daarom hanteert DevOps een andere aanpak: alle geïdentificeerde procestekortkomingen moeten onmiddellijk worden geëlimineerd. Als bijvoorbeeld een script dat de deployment pijplijn uitvoert niet correct werkt, moet dit onmiddellijk worden opgelost. Bovendien beveelt DevOps aan, in tegenstelling tot de traditionele werkwijze waarbij problemen kunnen worden uitgesteld, om de problematische stappen zo vaak mogelijk te herhalen. Dit zal ertoe leiden dat men beter begrijpt hoe ze moeten worden verbeterd, en dat men het werk dienovereenkomstig aanpast.

4.1.7 Doe als een start-up
Sommige DevOps-teams ontstonden bij start-ups met hun specifieke cultuur. Bedrijven die DevOps proberen te implementeren, proberen de geest van ondernemerschap en innovatie aan te nemen. Maar wat betekent dit? Wat is het verschil, kan het duidelijker gemaakt worden? Het blijkt dat het kan: de belangrijkste verschillen staan in figuur 4.1.

Kenmerk	Traditionele bedrijfscultuur	Cultuur van start-ups
Managementstijl	Autoritair, commando	Autonoom
Houding ten opzichte van verandering	Conservatisme	Experimenteel
Organisatiestructuur	Functionele hiërarchie	Netwerk
Focus op resultaat	Projectgeoriënteerd	Productgeoriënteerd
Wijzigingsmodel	Waterval	Agile, iteratief
Systeemarchitectuur	Monolithisch, zorgvuldig ontworpen	Losjes gekoppeld, microservice
Technologische voorkeuren	Gepatenteerd	Open source

Figuur 4.1 Verschil in de cultuur van traditionele bedrijven en start-ups

Het lijkt erop dat voor alle hiervoor genoemde kenmerken een DevOps-cultuur heel anders is dan de reguliere, wat natuurlijk een obstakel vormt voor directe en snelle verandering in de stijl van werken in traditionele organisaties. Met figuur 4.1 in het achterhoofd kunnen we naar een gedetailleerd overzicht gaan van de individuele DevOps-werkwijzen. Vergeet niet dat vele daarvan bij wijze van spreken zijn geleend van andere bronnen, wat niet het belang van elk van deze bronnen vermindert, of dat van DevOps.

■ 4.2 ONGEBRUIKELIJKE TEAMS

In figuur 4.1 laat de kolom 'Cultuur van start-ups' enkele verschillen zien die het gebruik van traditioneel functioneel beheer onmogelijk of uiterst moeilijk maken. Met name de autonomie, productoriëntatie en de netwerkorganisatiestructuur zullen leiden tot een herziening van de benadering van het groeperen van specialisten voor optimale effectiviteit. Teams komen op de voorgrond, geen structurele eenheden.

Een DevOps-team is een geweldige gevechtseenheid. Het is verantwoordelijk voor een klein maar duidelijk gedefinieerd onderdeel van een IT-systeem of IT-infrastructuur. Met deze focus worden teamleden geleidelijk en onvermijdelijk experts in het vakgebied, waar zij volledig verantwoordelijk voor blijven.

Een DevOps-team is geen tijdelijk projectteam; integendeel, het is gevormd voor de lange termijn. Bovendien is meestal de levensduur van het team niet vooraf bepaald en ligt het niet vast. Het team werkt op zijn verantwoordelijkheid zolang het gebied relevant blijft. Als het traject wordt gewijzigd, 'draait' het team zich om, samen met het verantwoordelijkheidsdomein; en als dit gebied verlaten wordt, schakelt het team over naar een ander. Er bestaat geen vaste overtuiging onder de DevOps-aanhangers of het nodig is teams van tijd tot tijd op te splitsen. Aan de ene kant zorgt de verspreiding van de teamleden van een succesvol team tussen de anderen voor een snellere uitwisseling van competenties en ervaring. Veel deskundigen zijn echter van mening dat de tijd en middelen die worden besteed aan het vormen van een effectief en gevestigd team kunnen worden geherinvesteerd in andere taken, met behoud van het team; ze suggereren dat kennis delen kan en gedaan zou moeten worden, ongeacht de vorming van teams, en op andere manieren.

Teamleden werken in het team voor 100% van hun werktijd: er worden geen middelen meer gedeeld met anderen, hier en daar taken gecombineerd, er wordt niet waargenomen voor een zieke medewerker van een andere afdeling en dergelijke. Volledige betrokkenheid van ieder teamlid vereenvoudigt de werkcoördinatie, verwijdert afhankelijkheden van externe factoren en sluit de mogelijkheid uit om excuses te vinden voor andere taken dan deze. Aan de andere kant verhoogt deze aanpak de HR-kosten (zie paragraaf 1.3.1).

DevOps-teams zijn crossfunctioneel; dit betekent dat een team al het werk in de waardestroom (value stream) van zijn verantwoordelijkheidsgebied volledig moet kunnen uitvoeren. Dit is de enige manier om een algemeen en nauwkeurig begrip van de Definition of Done mogelijk te maken; alleen op deze manier kan ervoor worden gezorgd dat alle taken zijn voltooid en het onvoltooide werk volledig is geëlimineerd.

De teamgrootte is belangrijk. Aan de ene kant kan het team niet te klein zijn: een klein team kan niet crossfunctioneel worden. Aan de andere kant zijn teams van twintig of meer mensen moeilijk te coördineren en zullen er ofwel beheersings-niveaus gevormd moeten worden, ofwel zal het team uiteenvallen in subteams. Bovendien hebben grote teams extra kosten voor communicatie en het onvermij-delijke verlies van informatie tussen leden. Dit heeft allemaal invloed op de snelheid van het werk.

De kleine omvang en de behoefte aan crossfunctionaliteit maken duidelijk dat er een bijkomende vereiste is voor DevOps-teams: teamleden moeten zo veelzijdig mogelijk zijn. Een duidelijke specialisatie is bekend: dit is een programmeur, dat is een tester en dat is een specialist in informatiebeveiliging. Maar een DevOps-team vereist dat de grenzen worden gewist: idealiter zou iedereen het werk van iedereen moeten kunnen doen. Dit betekent niet dat iedereen een even goede ontwikkelaar of databasebeheerder zal worden. Het is duidelijk dat de deskundigheid van werk-nemers in bepaalde gebieden groot kan en moet zijn. Universaliteit stelt teamleden echter in staat elkaar te helpen, competenties uit te wisselen en op expertniveau te begrijpen hoe alles is georganiseerd. Dit alles zorgt voor een evenwicht tussen de werkdruk en creëert een gezamenlijke verantwoordelijkheid van het team als eenheid, in plaats van als individuele goeroes en helden.

Er is geen formele leider, geen coördinator of supervisor bij een klein aantal DevOps-teamleden. Het team moet in staat zijn om alle opkomende management-problemen zelfstandig op te lossen en om steun te zoeken bij experts of mentoren in moeilijke gevallen. Met andere woorden, dit moet een zelforganiserend team zijn, wat redelijk haalbaar is voor teams van kleine omvang.

Het is belangrijk dat alle teamleden fysiek samen zijn. Een constant face-to-face-contact is noodzakelijk; externe e-communicatie is niet voldoende. Er zijn serieuze redenen voor deze vereiste. Ten eerste verbergt de *write-read* communicatie de emotionele component, ongeacht de media (e-mail, *instant message*, formeel document), de juistheid van de bewoording en de aanwezigheid van emoticons. In vrij voor de hand liggende gevallen is het de ontvangers duidelijk of ze werden geprezen of tegengehouden, maar in alle andere situaties blijft de belangrijk-ste emotionele boodschap van de afzender achter de schermen. Er zijn geval-len waarin ogenschijnlijk onschuldige geschreven opmerkingen een storm van verontwaardiging veroorzaakten, en een vergelijking met bepaalde beroemde personages werd gezien als een publieke belediging. Goed dat een dergelijke reactie onmiddellijk wordt opgemerkt! Het is echter de moeite waard om te onthouden dat veel IT-professionals introverten zijn, die de neiging hebben wrok te koesteren. En als men bijna onbegrensde technische mogelijkheden combineert met toegang tot de broncode en de productieomgeving, kan het resulterende mengsel zeer explosief zijn.

Ten tweede is door de locatie van het hele team in dezelfde kamer het dagelijks contact met elkaar onvermijdelijk. Een e-mail in de inbox kan wekenlang worden genegeerd. Telefoongesprekken kunnen eenvoudigweg niet worden geaccepteerd, onder verwijzing naar hoge werkdruk, vergaderingen enzovoort. Maar de ongemakkelijke vragen van een collega die daar staat, moeten onmiddellijk worden beantwoord; de programmeur kan zich nu niet verbergen voor de tester en de tester voor de operationsspecialist. Werk van slechte kwaliteit, defecten en incidenten worden niet alleen geïdentificeerd en geregistreerd in een bepaald informatiesysteem, ze worden ook snel gecorrigeerd, met de gezamenlijke inspanningen van het team. Voor deze stijl van groepswerk is geen leider, coördinator of andere navigator vereist.

Een DevOps-team is verantwoordelijk voor de tools die het gebruikt. Hoe een pijplijn te bouwen, welke technologieën of versies van bibliotheken moeten worden gebruikt – al deze vragen vallen onder het verantwoordelijkheidsgebied van het team. Het team moet in staat zijn om de gevolgen van eventuele wijzigingen te beoordelen. Dit is echter geen reden om niet de bedrijfsstandaarden te volgen, inclusief die op het gebied van architectuur, informatiebeveiliging en audit.

Als voorbeeld van een bedrijfsstandaard die begrijpelijk is voor alle teams, kunnen we denken aan de beroemde beslissing van Jeff Bezos (CEO van Amazon) in 2003 om te veranderen van een monolithische naar microservice-architectuur.[3] Zijn bericht aan de technisch specialisten was als volgt:
1. Alle teams zullen voortaan hun gegevens openbaar maken en functionaliteit via service-interfaces delen.
2. Teams moeten met elkaar communiceren via deze interfaces.
3. Er is geen andere vorm van communicatie tussen processen toegestaan.
4. Het maakt niet uit welke technologie ze gebruiken.
5. Alle service-interfaces, zonder uitzondering, moeten van de grond af zo worden ontworpen dat ze extern analyseerbaar zijn. Dat wil zeggen, het team moet dusdanig plannen en ontwerpen dat ze de interface kunnen laten zien aan ontwikkelaars in de buitenwereld. Geen uitzonderingen.
6. Iedereen die dit niet doet, wordt ontslagen.

---

3   ttps://plus.google.com/+RipRowan/posts/eVeouesvaVX

De beschreven kenmerken van DevOps-teams leiden tot de moeilijkheid van schaalvergroting: er is behoefte aan coördinatie van werk op verschillende gebieden, wat vooral belangrijk is bij het gebruik van een gemeenschappelijke IT-infrastructuur. De aanwezigheid van enkele tientallen teams lokt de introductie uit van een managementlaag, wat tot op zekere hoogte indruist tegen pogingen om snelheid te verhogen en verspilling tegen te gaan. Deze moeilijkheden lijken misschien overweldigend, terwijl ze niet bestaan in de gebruikelijke functionele structuur. Het lijkt inderdaad heel eenvoudig om de traditionele organisatiestructuur te schalen: door bijvoorbeeld een afdeling toe te voegen, een manager aan te wijzen, politiek te spelen en managers te ruilen; met de groei van het bedrijf is het aantal managementniveaus dienovereenkomstig te verhogen. Plaatsvervangers kunnen ingesteld worden, de combinatie van functies kan geïntroduceerd worden, enzovoort. Het is echter duidelijk dat dergelijke trucs een hele reeks tekortkomingen hebben, die echte problemen van interactie verbergen, maskeren, werk vertragen en meer verspilling veroorzaken.

Laten we daarom de belangrijkste kenmerken van de DevOps-teams samenvatten (zie figuur 4.2).

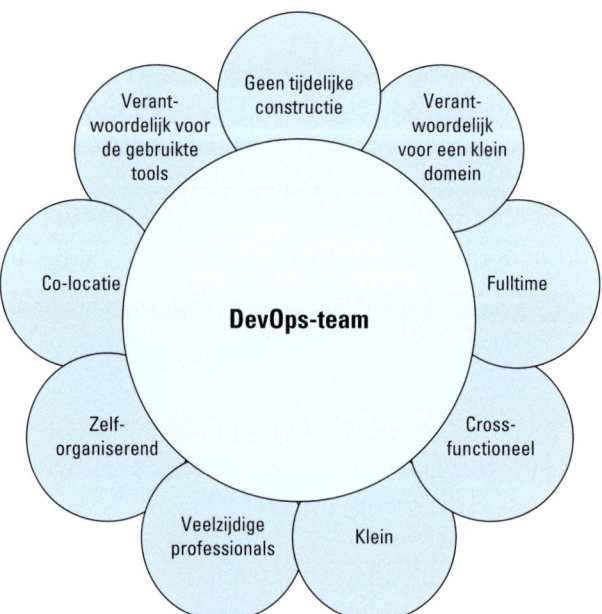

Figuur 4.2 Belangrijkste kenmerken van de DevOps-teams

■ 4.3 WERKVISUALISATIE

Zoals reeds vermeld in paragraaf 2.1, is het werk in de IT, in tegenstelling tot het werk in productie, grotendeels ongrijpbaar. Men kan de producten niet aanraken, beoordeelt niet de mate van gereedheid door naar het gedeeltelijk klaar product of item zelf te kijken, en het is daardoor moeilijk te begrijpen of de wachtrij overloopt. Door deze immateriële aard van IT kennen personeelsleden en managers niet op elk gewenst moment de antwoorden op sleutelvragen als:

- Hoeveel taken worden er momenteel geaccepteerd (dus waar werken we aan) en welke zijn dat (voor welke items werken we precies op dit moment)?
- In welke stap in de keten stapelt het werk zich op, waardoor die stap een knelpunt vormt en de rest van de keten niet effectief kan werken?
- Welke gebieden hebben mogelijk onvoldoende capaciteit en zullen de rest snel vertragen?
- Op welke punten of fasen in onze waardestroom zijn de middelen bijna uitgeput of bijna volledig bezet?
- Welke taken zitten vast, waardoor ze geen kansen hebben om in deze iteratie te worden voltooid?
- Wat moet er nog gebeuren voor de taak die nog niet is voltooid?
- Als we geen tijd hebben om al het werk uit te voeren dat in deze iteratie is geaccepteerd, welk deel is dan de moeite waard om te proberen af te ronden, om zo het maximaal mogelijke nuttige resultaat te krijgen?

In feite hebben we het over het verzekeren van de flow van de waardestroom of value stream (zie paragraaf 3.1), waarvoor de principes en methoden van de Theory of Constraints volledig van toepassing zijn. Tegelijkertijd wordt niet alleen gekeken naar het ontwikkelingsgedeelte, maar naar de hele keten, de gehele pijplijn, end-to-end, tot aan de software die door de klant wordt gebruikt. Een visualisatietool kan de flow ondersteunen en helpen antwoorden te vinden op de genoemde vragen. Op lijsten gebaseerde systemen zijn, hoewel vrij populair, niet volledig opgewassen tegen de taak, zelfs niet als een dashboard-add-on is geïnstalleerd. Ze laten de takenstroom van fase tot fase nauwelijks zien. De zogenoemde 'Kanban borden' zijn aantrekkelijker. De eenvoudigste versie van dit bord wordt in figuur 4.3 getoond.

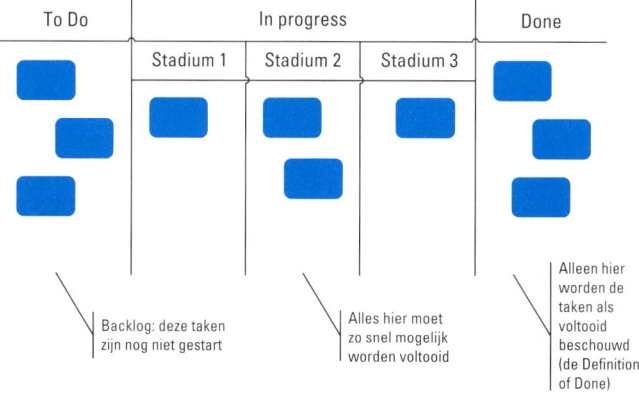

Figuur 4.3 Voorbeeld van een Kanban bord

De backlog voor het hele team wordt links ingevoerd, in de kolom 'To do'. Vervolgens zijn er van links naar rechts werkfasen waarin taken geleidelijk worden verplaatst; dit gebied wordt vaak aangeduid als 'In progress'. Het laatste punt van het proces, de kolom 'Done', is aan de rechterkant. Een paar belangrijke opmerkingen van ervaren DevOps-teams kunnen worden toegevoegd aan deze relatief primitieve notatie.

Ten eerste betekent plaatsing in de backlog niet het aannemen van het werk, in tegenstelling tot de algemeen aanvaarde werkwijze. De taak in de backlog betekent letterlijk het volgende: dit is een goed idee, het kan worden geïmplementeerd als de beslissing over 'wanneer' wordt genomen. Zodra de persoon die verantwoordelijk is voor de eerste fase een taak uit de backlog oppakt, aanvaardt hij echter onmiddellijk de verantwoordelijkheid voor de snelle uitvoering ervan, namens het hele team.

Ten tweede worden de taken slechts één keer geprioriteerd: wanneer ze worden overgedragen van de backlog naar de eerste fase. Op dit punt kunnen en moeten potentiële voordelen, vereiste middelen, urgentie en vele andere parameters worden geëvalueerd. Er zijn veel methoden om prioriteiten te bepalen, die echter niet allemaal een gedetailleerde analyse van de vermelde parameters impliceren. Een van de interessantste manieren om de wachtrij te beheren, wordt besproken in paragraaf 4.10.

Dus zodra de beslissing om de taak te aanvaarden is genomen, is het niet mogelijk om deze in de volgende fase te negeren: alles wat met bewegen langs de pijplijn begon, moet doorgaan tot het einde. De annulering van een taak ten gunste van het toevoegen van een andere is onaanvaardbaar, omdat het onderbreken van werk in uitvoering een van de soorten verspilling is die moet worden tegengewerkt. Als gevolg van deze werkwijze hoeven alle deelnemers aan de keten, behalve de eerste, geen tijd te spenderen aan het prioriteren van de binnenkomende taken, omdat de prioriteiten al zijn gedefinieerd en niet mogen worden gewijzigd.

Ten derde heeft de waakzame lezer waarschijnlijk opgemerkt dat de output van de vorige fase de input is voor de volgende. Aldus wordt vóór elke fase een wachtrij gevormd, die het mogelijk maakt om het aantal taken in elke kolom visueel te beoordelen.

En tot slot maakt het gebruik van Kanban borden het mogelijk om een zogenoemd 'pullsysteem' te bouwen. Gewoonlijk duwt degene die de vorige fase voltooide het werk naar de volgende kolom, waarbij hij probeert op de een of andere manier invloed uit te oefenen op de acceptatie, de snelheid van verwerking en andere parameters van zijn buurman aan de rechterkant – in feite is dat het opzadelen van werk en verantwoordelijkheid. Met het pullsysteem na het voltooien van de huidige taak daarentegen, pakt een verantwoordelijk lid van het team van de volgende kolom de taak uit de voorgaande kolom op, en begint aan het werk. Dit zorgt voor een soepelere doorstroming, efficiënter gebruik van resources en het elimineert de noodzaak van coördinatie, waardoor de rol van supervisors en andere operationele managers sterk wordt verminderd.

We moeten nog een onverwachte toepassing van het Kanban bord noteren: deze kan worden gebruikt als een indicator voor onjuist gebruik van de DevOps-aanpak. Als de prioriteitstelling bijvoorbeeld verkeerd is, raakt de invoer in de keten snel overbelast, wat leidt tot verwarring in alle andere secties. In dit geval is het duidelijk dat niet de stroom moet worden geoptimaliseerd; de principes van prioritering en beheer van de wachtrij moeten beter worden begrepen, evenals de fundamentele benadering van taakbeheer: pullsysteem versus pushsysteem (het laatste is uiteraard in tegenspraak met het idee om Kanban en Lean principes te gebruiken). Een ander voorbeeld zijn pogingen om Kanban borden toe te passen voor support- en operationele eenheden zonder de principes van hun werkwijzen te veranderen. In dit geval is een puinhoop ook gegarandeerd, vanwege het grote aantal taken dat moet worden weergegeven en gevolgd, waardoor het bord onleesbaar wordt. Dit wordt vaak gecombineerd met een vrij formele benadering van het verplaatsen van taken over de hele linie: de taakstatus in het systeem wordt gewijzigd, dus de taak wordt verplaatst naar de volgende kolom, maar de volgende operator heeft deze niet echt geaccepteerd. Dit alles heeft nog steeds heel weinig te maken met de werkstroom en het beheer ervan.

Laten we de voordelen van visualisatie samenvatten. Visualisatie:
- maakt het mogelijk een pullsysteem te bouwen, dat op zijn beurt:
  - de workflow verbetert,
  - downtime vermindert,
  - de behoefte aan coördinatie vermindert;
- verbetert de zichtbaarheid van de lopende taken;
- verbetert het begrip van de resterende hoeveelheid werk en de huidige status;
- verbetert prioriteitstelling;
- vermindert het aantal overdrachten;
- helpt bij het identificeren van inefficiëntie.

■ 4.4   BEPERK WORK IN PROGRESS

Een traditionele werkwijze houdt in dat taken asynchroon uit verschillende bronnen komen. In de regel is een specialist betrokken bij verschillende processen, waarbij een deel van zijn werktijd aan elk van deze processen wordt toegewezen. Naast voorspelbare processen zijn er ad-hoctaken, afkomstig van de manager, van ontevreden bedrijfseenheden en van collega's die zoals gewoonlijk 'slechts tien

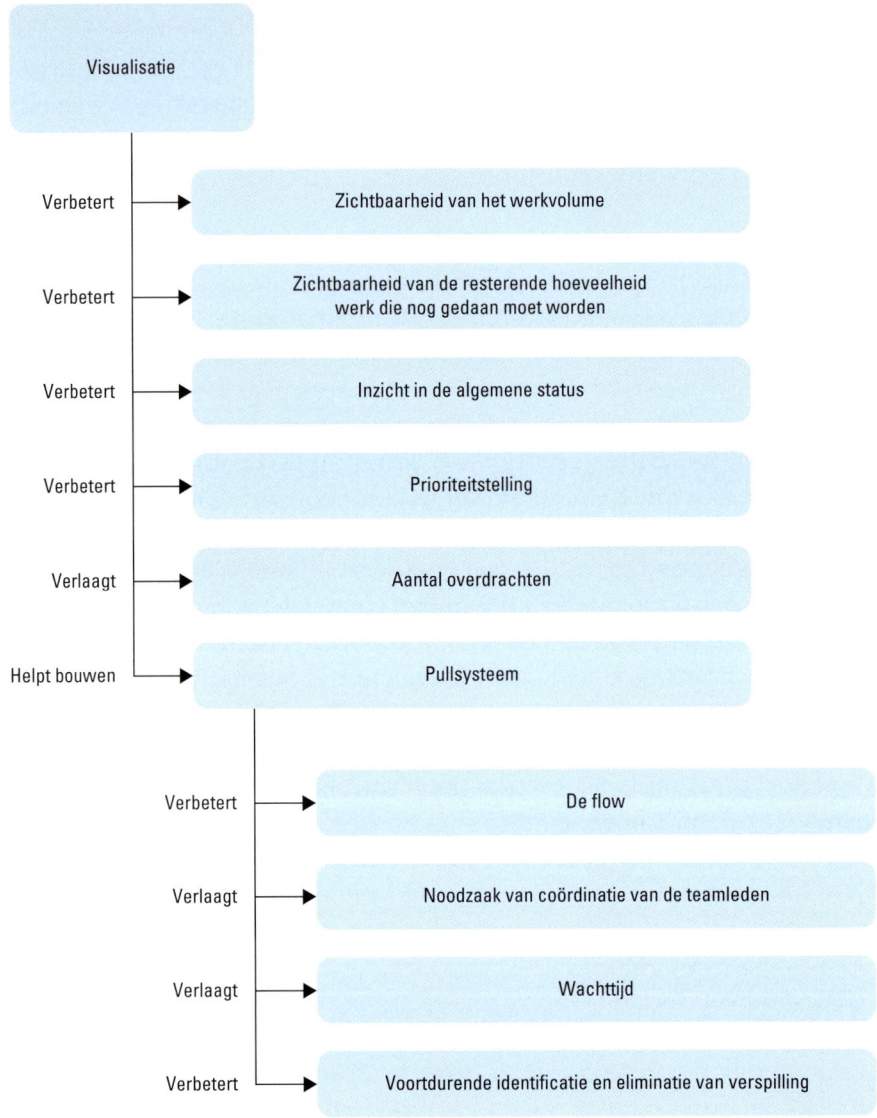

Figuur 4.4 Het effect van visualisatie

minuten nodig hebben'. In veel bedrijven maken automatiseringstools het mogelijk een prachtige lijst op te stellen met alle taken die zijn toegewezen aan een specifieke specialist.

De lijst is op veel manieren mooi:
- Hij is nooit compleet, sommige taken en opdrachten worden vastgelegd op post-its, in een notitieboek, in het kortetermijngeheugen of eenvoudigweg nergens.
- Sommige taken zijn gepland en de andere zijn ad hoc.
- Al het werk op deze lijst zal nooit op tijd worden gedaan om een miljoen verschillende redenen, ondanks de afgesproken prioriteiten en deadlines.

Mijn taken

Taak	Opmerkingen	Prioriteit	Deadline
Gebruikersvraag	Xxxxxxxxxxxxxxxxxxxxxxxxxxxx	Normaal	Gisteren
Incident	Xxxxxxxxxxxxxxxxxxxxxxxxxxxx	Hoog	Gisteren
Wijzigingsverzoek	Xxxxxxxxxxxxxxxxxxxxxxxxxxxx	Gepland	Gisteren
Werkorder	Xxxxxxxxxxxxxxxxxxxxxxxxxxxx	Laag	Gisteren
Incident	Xxxxxxxxxxxxxxxxxxxxxxxxxxxx	Kritisch	Vandaag
Gebruikersvraag	Xxxxxxxxxxxxxxxxxxxxxxxxxxxx	Normaal	Vandaag
Werkorder	Xxxxxxxxxxxxxxxxxxxxxxxxxxxx	Hoog	Morgen
Werkorder	Xxxxxxxxxxxxxxxxxxxxxxxxxxxx	Normaal	Morgen

Figuur 4.5 Voorbeeld van een takenlijst voor één operator

- Veel taken zullen nog geruime tijd (maanden of zelfs jaren) op de lijst staan, waardoor de relevantie van de lijst afneemt.

Een lange lijst met taken leidt tot chaos. Deze chaos hangt samen met de frequente herziening van prioriteiten door de specialist ('wat moet ik nu doen?'), veelvuldig schakelen tussen taken ('ik heb geen tijd om dit te doen, ik doe dat in plaats daarvan'), frequente veranderingen in prioriteiten als gevolg van externe factoren ('een meer urgente taak dient zich aan, ik ga nu eerst deze doen') en soortgelijke zaken. In sommige bedrijven is de gebruikelijke praktijk van prioriteiten stellen beperkt tot HiPPO, de *highest paid person's opinion* (de mening van de hoogst betaalde persoon).

De oorzaak van deze problemen is multitasking. De mening bestaat dat een gewoon persoon in staat is om verschillende intellectuele taken tegelijkertijd te doen, maar studies van de afgelopen decennia, evenals de praktijk, laten zien dat dit niet het geval is. In de meeste gevallen doen IT-medewerkers slechts één taak tegelijk; als ze verschillende taken tegelijkertijd proberen uit te voeren, dan besteden ze het grootste deel van hun tijd aan het schakelen tussen beide. Overschakelen kost tijd, waaraan men op zijn minst tijd moet toevoegen voor herprioritering en tijd voor het veranderen in context. Metingen tonen een meervoudige toename van de duur van taken aan in een multitaskingmodus vergeleken met *single tasking*.

De werkwijze om dit tegen te gaan, is om het aantal lopende taken te beperken. Aan de ene kant klinkt het raar: betekent dit dat de specialist geen nieuwe taak accepteert die deel uitmaakt van zijn functie en verantwoordelijkheden? Anderzijds is het een effectief mechanisme voor het verzekeren van een gelijkmatige stroom van taken en het leveren van resultaten binnen een voorspelbaar tijdsbestek. De essentie van deze praktijk is dat in elke fase van de waardestroom kunstmatige beperkingen worden vastgesteld voor het aantal gelijktijdig uitgevoerde taken of het totale aantal geaccepteerde taken (beperk WIP, beperk *work in progress*). In het extreme geval is die beperking tot één taak per werkplek op een bepaald moment. Het totale aantal taken in de hele stroom is op dezelfde manier beperkt.

Deze praktijk ondersteunt perfect het pullprincipe dat eerder al is besproken. Inderdaad, met de WIP-beperking kan de persoon die verantwoordelijk is voor de vorige werkfase, de taak niet overzetten naar de volgende fase: hij informeert zijn collega in de stream gewoon dat hij zijn taak heeft voltooid. De volgende in de keten voltooit zijn huidige taak en gaat vervolgens door naar de volgende – op het moment dat hij beschikbaar wordt voor een nieuwe taak.

Deze werkwijze kan leiden tot situaties waarin er geen werk is in de afzonderlijke fasen van de stream: men wacht op de voltooiing van de vorige fasen. In een gebruikelijke IT-afdeling zou de beslissing worden genomen om iets anders te doen, het personeel wat ander werk te laten doen – alleen maar omdat werknemers niet inactief zouden moeten zijn! Ze krijgen salarissen en moeten daarom 100% en bij voorkeur 120% werken. Uiteindelijk is het maximale gebruik van middelen, inclusief personeel, een van de belangrijkste doelstellingen van elke manager. Maar niet in DevOps.

De regel 'Het is beter om op zijn minst iets te doen dan om niets te doen' werkt hier niet, en nog meer, het wordt als extreem schadelijk beschouwd. Werk doen dat geen klant heeft, is verspilling. Het upgraden van servers naar nieuwe versies alleen omdat er nieuwe versies beschikbaar zijn, is verspilling. Om een taak op te nemen tijdens de niet-actieve tijd om die later af te werken, is verspilling. In plaats daarvan is het beter om de downtime in één fase te accepteren als indicator voor een overbelasting bij de andere en onmiddellijk reactiemaatregelen te nemen. Deze maatregelen kunnen zowel operationeel zijn (hulp aan de overbelaste collega) als meer systemisch (eliminatie van een knelpunt in de stream). De belangrijkste focus is om de flow in de stroom te garanderen, en in dit geval werkt de analogie met de stroming van de rivier goed: wanneer alles goed en stabiel is, is ook de snelheid van de stroming stabiel. Op een moment van hoog water verzamelt te veel ervan zich bij de ingang, niet al het water kan door het rivierbed stromen; de rivier zal uit zijn oevers barsten met onvermijdelijk verlies van water, en schade aan de gebieden langs de oevers. Aan de andere kant, als in een gebruikelijke situatie de rivier ondiep wordt, dan is er ergens stroomopwaarts een obstakel; het moet worden gevonden en verwijderd om de normale, stabiele en voorspelbare flow te herstellen.

Sommige experts, zoals Jez Humble, bevelen aan dat beperkingen worden ingesteld zodat ze opzettelijk ongemak veroorzaken. Op het moment dat iemand in
de keten geen werk te doen heeft en de middelen vrij zijn, ontstaat er een heftig
verlangen om de beperkingen in de voorgaande stadia van de stroom te versoe-
pelen, zodat in elk geval wat werk stroomafwaarts kan worden verzonden. Om dit
verlangen en de nadruk op knelpunteneliminatie te voorkomen, raden experts aan
om beperkingen in te stellen die enige pijn veroorzaken, maar het systeem expliciet
beperken.

Terugkomend op het gebruik van de middelen, is het vermeldenswaard dat
WIP-beperkingen die correct zijn ingesteld en regelmatig worden aangepast, een
goed hulpmiddel zijn om de intensiteit en productiviteit van werk in balans te brengen. Feit is dat er een verband bestaat tussen de WIP en de gemiddelde doorlooptijd.

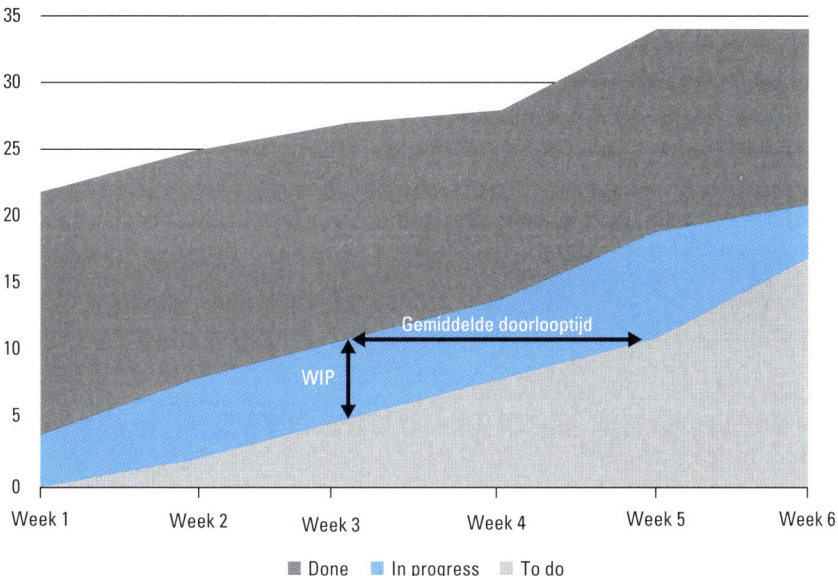

Figuur 4.6 Cumulatief stroomdiagram

Een ander belangrijk aspect is de voorspelbaarheid van de output. In veel gevallen kan het, ondanks alle inspanningen om de complexiteit van taken te beoordelen, heel moeilijk zijn om in te schatten hoe lang werk uiteindelijk zal duren, dat wil
zeggen om de releasedatum te voorspellen. Twee tools zijn handig: verzamelde
statistieken over de snelheid van het team en over het beheer van WIP. Door de
beperking aan te scherpen, is het mogelijk om kortere doorlooptijden te behalen
met minder inzet van personeel, en omgekeerd. Daarom is het werk van de managers drastisch aan het veranderen met DevOps.

De consequenties van beperking van de WIP zijn samengevat in figuur 4.7.

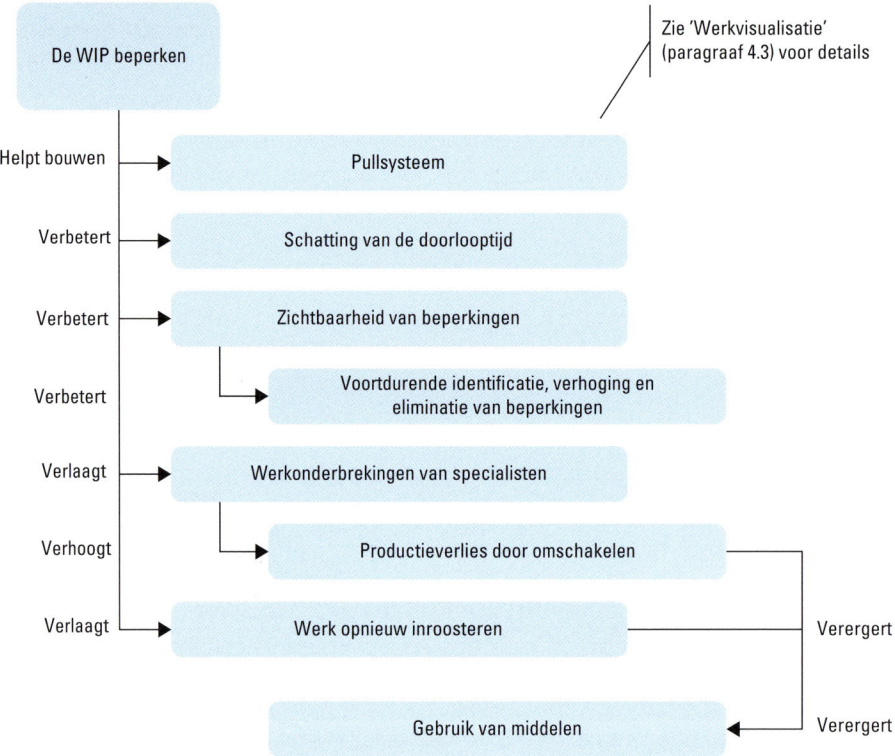

Figuur 4.7 Het effect van beperking van de WIP

■ 4.5 VERMINDER DE BATCHGROOTTE

Stel dat er verschillende identieke producten moeten worden gemaakt en vervolgens moeten worden getest. Eén manier om het werk te organiseren is: we maken het eerste product, we geven het door voor testen, op dit moment beginnen we met het maken van het tweede product, dat we vervolgens doorgeven voor testen, enzovoort. Een tweede manier is: we maken alle producten in één keer en geven ze vervolgens door voor testen. Gewoonlijk komen we het foutieve oordeel tegen dat de tweede methode altijd effectiever is dan de eerste. De praktijk leert echter dat de effectiviteit afhangt van de totale batchgrootte, productvariabiliteit, de vereiste snelheid van het laten uitvoeren van de producten, de tijd voor het aanpassen van de apparatuur en andere factoren, en daarom is er geen algemeen definitief antwoord.

Op het gebied van informatietechnologie laat de optie met kleinere batches echter betere resultaten zien om de volgende redenen. Ten eerste zijn grote batches zelden van dezelfde grootte, in tegenstelling tot de kleine, zelfs als we het hebben over een zogenoemde *single-piece flow*. Kleine partijen van dezelfde grootte verbeteren het ritme van het werk; het wordt stabieler en voorspelbaarder op alle gebieden. Ten tweede wordt de tijd van de eerste levering en de totale doorlooptijd tot een minimum beperkt door de wachttijd in de waardestroom te verlagen. Ten derde verminderen kleine batches het totale aantal lopende taken. Ten vierde wordt het aantal fouten verminderd: de hele batch moet opnieuw worden uitgevoerd als er een fout optreedt. Hoe kleiner de batch, hoe kleiner de verspilling door nabewerking. Dit alles heeft een positieve invloed op de belangrijkste aspecten van DevOps: de doorlooptijd, de werkdruk en de kwaliteit van de producten.

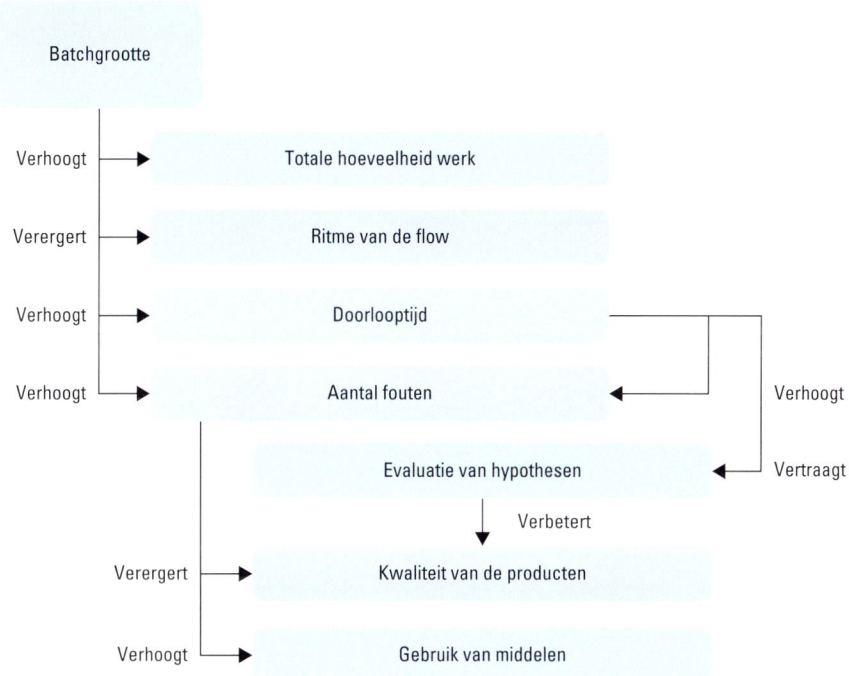

Figuur 4.8 Het effect van het verlagen van de batchgrootte

In de gebruikelijke werkzaamheden van een IT-afdeling kunnen batches moeilijk te detecteren zijn. Een opvallend voorbeelden hiervan is dat programmeurs grote taken uitvoeren gedurende meer dagen, terwijl de resultaten slechts één keer en helemaal aan het eind in het versiebeheersysteem worden opgeslagen. Het aanbevolen alternatief is om onafhankelijke tussentijdse resultaten gedurende de volledige looptijd van het werk op te slaan, ten minste eenmaal per dag. In een goed geconfigureerde pijplijn activeert elke keer opslaan de volgende stappen, bijvoorbeeld testen, die vroege feedback geven en fouten voorkomen. Vanwege het kleine volume van elke wijziging, zal het gemakkelijker zijn om de geïdentificeerde fouten te corrigeren.

■ 4.6 LET OP DE OPERATIONELE VEREISTEN

Ontwikkelaars zijn geïnteresseerd in de beschrijving door de klant van wat ze willen hebben en zijn klaar om aan deze vereisten te voldoen. De beheerafdeling is op haar beurt geïnteresseerd in een normale werkrelatie met de gebruikers, die alleen kan worden bereikt als de gebruikers hun werk kunnen doen met behulp van de geboden functionaliteit.

Traditioneel is hier het probleemgebied de zogenoemde *non-functional require-ments* (NFR; niet-functionele vereisten): beschikbaarheid, betrouwbaarheid, schaalbaarheid, onderhoudbaarheid, veiligheid en dergelijke. Deze zijn vooral van belang voor een IT-afdeling waar incidenten worden aangepakt, hun onder-liggende oorzaken worden onderzocht, en de groeiende gebruikersgroep en ontevreden gebruikers worden geholpen – allemaal met een strikt beperkt aantal middelen die minder snel groeien dan de eisen die aan de IT-afdeling worden gesteld. Ondertussen kan de ontwikkelingsafdeling zich primair richten op functio-nele vereisten, waarbij de NFR tot op zekere hoogte worden genegeerd.

Figuur 4.9 Een gebruikelijke reeks van factoren die geassocieerd is met niet-functionele vereisten

De traditionele oplossing voor dit probleem voor organisaties die het watervalmodel gebruiken, is om te proberen IT-beheerders in een vroeg stadium te betrekken bij softwareontwikkeling. Het woord 'proberen' wordt niet per ongeluk toegepast, omdat slechts enkele bedrijven aanzienlijke vooruitgang hebben geboekt met deze betrokkenheid. De oplossing die door de aanhangers van Agile ontwikkeling wordt toegepast, is de prioriteitstelling van niet-functionele vereisten samen met de functionele, namelijk: het volgen van dezelfde procedure, met dezelfde mate van belangrijkheid, met hetzelfde niveau van controle. Deze werkwijze is zeker beter dan de traditionele.

DevOps gaat een stapje verder. Ten eerste wordt de rol van de Product Owner groter. In Scrum is het iemand die het meest geïnteresseerd is in het product, of zijn vertegenwoordiger, maar die een zekere vooringenomenheid of beperking heeft wat betreft de productkenmerken. DevOps-experts stellen voor de Product Owner te beschouwen als geïnteresseerd in een volledig operationeel IT-systeem, inclusief zowel functionele als andere vereisten. Dit verandert de betekenis van het NFR radicaal en verschuift de focus van het team naar een werkend product, waarbij het werken niet beperkt is tot de afgesproken functionaliteit.

Ten tweede staan sommige visionairs van DevOps erop de gebruikelijke naam 'niet-functionele vereisten', die een negatieve gevoelswaarde van secundair of minder belang heeft, te laten varen en te vervangen door 'operationele vereisten' (OF).[4]

Ten derde wordt voorgesteld om de benadering van de beschikbaarheid en de prestaties van IT-systemen volledig te herzien. In de oude systemen lag de focus op ontwerpen en bouwen voor hoge betrouwbaarheid: systemen zouden zo min mogelijk moeten falen. Dure gespecialiseerde software- en hardwareoplossingen werden gebruikt om aan die vereisten te voldoen, zoals: redundantie, back-ups, *hot swapping* en dergelijke. Deze oplossingen werden meestal geleverd door bekende leveranciers, ze gebruikten gepatenteerde technologieën, waaraan langdurige en dure ondersteunings- en onderhoudscontracten waren gekoppeld. In DevOps is de focus verschoven van betrouwbaarheid naar veerkracht of anti-fragiliteit: het systeem moet storingen kunnen detecteren en corrigeren en normale bewerkingen kunnen herstellen zonder significant prestatieverlies en zonder de gebruikers te beïnvloeden. Het systeem zelf is gebouwd op basis van een groot aantal relatief goedkope en gemakkelijk te vervangen componenten, met behulp van gedistribueerde gegevensopslag, parallelle berekeningen, virtualisatie en vergelijkbare technologieën, bij voorkeur open source. De praktijk van opzettelijke en voortdurende introductie van chaos en schade in de productieomgeving werd genoemd in paragraaf 1.3.3.

Het zal duidelijk zijn dat het werk met operationele vereisten in DevOps op een heel andere manier is georganiseerd. Overigens is er een interessante en modieuze werkwijze om de tijd van continue werking en de systeemstatus te laten zien in een vorm die begrijpelijk is voor eindgebruikers, zoals in figuur 4.10 wordt weergegeven.

Pagina's van dit type verbeteren het vertrouwen tussen DevOps-teams en -gebruikers en demonstreren de prestaties tijdens de hele levenscyclus van de service, in plaats van alleen tijdens de ontwikkelingsfase. Bovendien maakt één enkele bron van systeemstatusinformatie het mogelijk om massale oproepen, e-mails en andere gebruikersberichten te voorkomen in het geval van een systeemstoring. En ten slotte, het verbetert het moreel van werknemers, geeft hun een gevoel van veiligheid en collectieve verantwoordelijkheid.

---

4 Om het belang van operationele vereisten te illustreren, is een speciale zin verzonnen: '... OF dit wordt niet in productie genomen'.

Figuur 4.10 Een voorbeeld van een openbare webpagina die de huidige systeemstatus toont op Basecamp[5]

■ 4.7 VROEGTIJDIGE DETECTIE EN CORRECTIE VAN FOUTEN

De grootste verliezen in verband met informatietechnologie doen zich voor wanneer fouten de productieomgeving beïnvloeden: gebruikers kunnen hun werk niet doen omdat het systeem niet beschikbaar is, of omdat het werkt met tussenpozen, of omdat een deel van de functionaliteit is verbroken. Zoals we al in paragraaf 3.2 hebben besproken, besteedt DevOps veel aandacht aan het voorkomen van het binnendringen van fouten in de productieomgeving. Bovendien onthult een nadere analyse dat, naast bedrijfsverliezen, de kosten voor het identificeren en elimineren van fouten toenemen naarmate deze verder doordringen in de pijplijn. Zie figuur 4.11.

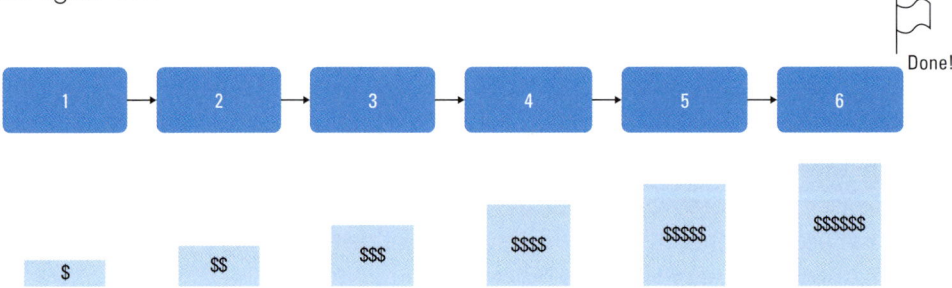

Figuur 4.11 Verliezen en kosten stijgen met late detectie van fouten

---

5   https://status.basecamp.com

Inderdaad, om een fout in de vierde fase te detecteren, hebben we al middelen aan de linkerkant besteed, in de fasen 1, 2 en 3 – bijvoorbeeld om de vereiste testomgevingen te creëren en de tests uit te voeren. Deze bronnen komen niet meer terug, evenals de tijd; dit zal natuurlijk de doorlooptijd negatief beïnvloeden. Het probleem wordt bijzonder ernstig wanneer niet alle delen van de pijplijn volledig zijn geautomatiseerd. Als een van de fasen bijvoorbeeld handmatige tests vereist, nemen de kosten van dergelijke tests aanzienlijk toe. Het blijkt dat hoe eerder fouten worden ontdekt, hoe beter het is – zowel wat betreft kosten als wat betreft prestaties van de pijplijn. Er is behoefte aan vroege feedback, waardoor terug te keren is naar de vorige fasen, zo dicht mogelijk bij het begin van de pijplijn. Een van de manieren om dit te doen heet *shift left*: het testen is dan zo georganiseerd dat de detectie van de meest voorkomende fouten in de eerste stappen wordt gemaximaliseerd. Dit vereist meer tests in de eerste fasen van de pijplijn, waardoor deze stadia worden vertraagd; daarbij moet dus een zeker evenwicht worden gevonden.

Merk op dat de grootste winst wordt behaald wanneer het testen zo veel mogelijk wordt geautomatiseerd. In de volmaakte DevOps-pijplijn veranderen de rol en het werk van de testers: hun belangrijkste taak is niet om de tests uit te voeren, maar om ze te ontwikkelen. Deze verandering bevestigt het oude en nog steeds relevante principe dat intellectueel werk toebehoort aan mensen, terwijl herhalende routinewerkzaamheden aan machines kunnen worden gedelegeerd.

Bovendien ondersteunt deze werkwijze, als de testomgevingen zo nauwkeurig mogelijk overeenkomen met de productieomgeving, snelle detectie van fouten. Situaties waarbij het testen in de pijplijn foutloos was, maar de applicatie in de productieomgeving niet correct blijkt te werken, zijn gevaarlijk en leiden tot verliezen. Dit betekent dat we ons best moeten doen om ervoor te zorgen dat de testomgevingen niet alleen volledig de productieomgeving weerspiegelen, maar ook op dezelfde manier worden gemaakt. Zoals te zien was in paragraaf 3.4 is dit tegenwoordig mogelijk.

■ 4.8   GECONTROLEERDE EN NIET-GECONTROLEERDE VERBETERINGEN EN INNOVATIES

Bij het bespreken van de noodzaak van DevOps in paragraaf 1.3.2, hebben we het belangrijke onderwerp van voortdurende opeenstapeling van niet-optimale oplossingen aangeroerd. In de natuurlijke gang van zaken neemt de technical debt toe, tenzij speciale maatregelen en acties worden ondernomen. Dit geldt ook voor werk- en managementmethoden: processen, procedures, overeenkomsten, enzovoort. De processen beginnen van zichzelf te verslechteren, werknemers snijden niet alleen in technische oplossingen, maar ook in de manier waarop ze werken.

Bovendien suggereert de dynamiek van het moderne leven dat externe factoren vrij vaak veranderen en wat gisteren goed werkte – of het nu een softwareoplossing of een procedure is – is vandaag minder effectief.

Ten slotte vliegt de informatietechnologie zelf met sprongen vooruit. Sinds 2010 publiceert ThoughtWorks, een bedrijf dat prominent aanwezig is in de markt van effectieve softwareontwikkeling, om de zes maanden een speciaal rapport hierover: de zogenoemde *Technology Radar*[6]. Het bevat meer dan honderd items, gegroepeerd in vier gebieden: technieken, platforms, tools, en talen en frameworks. Zo waren er in 2017 onder de technieken API als een product, serverloze architectuur en virtual reality voorbij gaming; onder de platforms Apache Mesos, AWS Lambda en PlatformIO; onder de tools Airflow, HashCorp Vault en Terraform; en ten slotte onder de talen en frameworks Python 3, Elixir, Angular 2 en andere.

Elk van de items behoort tot een van vier klassen: moedig adopteren, proberen, beoordelen voor de toekomst of op *hold* zetten en wachten. Op veel punten wordt een verklaring gegeven. Om die te kunnen geven voert een gekwalificeerd team van materiedeskundigen vrij arbeidsintensief werk uit met betrekking tot de analyse van nieuwe technologieën die volledig gratis voor de consument zijn. Door verschillende recente rapporten te vergelijken, kan men zien hoe nieuwe technologieën zich dynamisch ontwikkelen (of sterven). Er zijn voortdurend nieuwe technologiekansen en vele daarvan kunnen mogelijk een serieus rendement opleveren.

Technical debt moet dus worden verminderd, het werk moet worden verbeterd en nieuwe technologieën moeten worden beheerst. De moderne IT-afdeling kan het zich niet veroorloven om deze belangrijke taken enige tijd op de achtergrond te zetten. Met die benadering zal de afdeling stil blijven staan en in het slechtste geval (en waarschijnlijker) achteruitgaan. Daarom impliceert DevOps een voortdurende verbetering en innovatie. In verschillende bedrijven kan deze praktijk compleet anders zijn. Hier volgen enkele voorbeelden.

Sommige bedrijven beginnen met de toewijzing van een bepaald deel van de werktijd voor de verbetering; de uitdrukking '20% belasting' is steeds vaker terug te vinden in publicaties. Het is duidelijk dat dit aantal uit een hoge hoed wordt getrokken en het kan niet voor alle organisaties hetzelfde zijn, maar er zijn ook enkele gerechtvaardigde schattingen. Het SAFe-model nodigt bijvoorbeeld teams uit om te werken in zogenoemde 'programma-incrementen' van acht tot twaalf weken. De laatste fase van elke stap is een iteratie gewijd aan innovatie en planning. In alle eerlijkheid moet worden opgemerkt dat dezelfde iteratie ook de voltooiing van het werk van eerdere sprints, definitieve integratie, tests en planning van het volgende increment omvat. Er blijven dus slechts enkele dagen over vanaf de eerste twee

---

6   https://www.thoughtworks.com/radar

weken, en de toegewezen tijd voor innovatie zal 1,5% tot 15% van de totale duur van het increment bedragen. Laten we deze schatting als laagst redelijk beschouwen. Het hoogst redelijke kan worden afgeleid uit de woorden van Marty Cagan, die eind jaren negentig een technical debt crisis bij eBay doormaakte, en vervolgens zijn gedachten presenteerde in zijn boek *Inspired: How to Create Products Customers Love*[7]. Volgens Cagan zal het in sommige moeilijke gevallen nodig zijn om verbetering tot 30% of meer van de tijd te geven, maar teams die minder dan 20% toewijzen, veroorzaken wantrouwen. Het is interessant dat veel deskundigen aanbevelen om normaal werk te verbieden gedurende de tijd die is toegewezen voor verbetering: noch programmeren, noch testen, noch deployment is toegestaan.

Een andere werkwijze is de zogenoemde 'Kaizen Blitz'. In dit geval is de tijd voor verbetering misschien niet van tevoren gepland, maar wordt deze zo nodig toegewezen. Er wordt ook voorgesteld om er externe deelnemers bij te betrekken: leden van andere teams of gastexperts. Er wordt aangenomen dat een blik van buiten kan helpen om het probleem te verplaatsen van een doodlopend punt en om oplossingen te vinden die niet zichtbaar zijn vanuit het team. De werkelijke *blitzes* duren één tot enkele dagen en zijn gericht op het elimineren van de geïdentificeerde tekortkomingen en knelpunten. Daarom wordt van elke blitz een zeer duidelijk en tastbaar resultaat verwacht: in het slechtste geval is dit een lijst met acties die moeten worden genomen, en in het beste geval zijn de fouten opgelost.

Sommige bedrijven combineren tijdstoewijzing en gebruik van externe bronnen, en hopen ook veel op het delen van kennis en ervaringen binnen het bedrijf. Bij Target gaan teams bijvoorbeeld voor een volledige kalendermaand naar een speciaal aangewezen gebied (kantoor). Toegewijde mentors voegen zich bij hen om te helpen met het reorganiseren van werk aan bestaande taken om meer te bereiken met dezelfde middelen in minder tijd. Het bedrijf heeft middelen toegewezen voor gelijktijdige versnelling van maximaal acht teams. Er wordt van uitgegaan dat het team in deze maand niet alleen het toegewezen werk zal voltooien, maar ook nieuwe manieren, methoden en technieken zal leren en in staat zal zijn om de nieuwe kennis bij terugkeer over te dragen aan andere werknemers.

Ten slotte worden de zogenoemde *hackathons* steeds wijdverbreider. Een hackathon is een tijdsperiode die speciaal is toegewezen aan het verkennen van nieuwe technologieën en het proberen nieuwe producten en tools te maken. Het is duidelijk en geaccepteerd dat niet alles wat gecreëerd wordt, een voltooide vorm zal hebben of commerciële mogelijkheden zal hebben. Er zijn echter steeds meer voorbeelden waarbij prototypes van nieuwe gebruikersapplicaties werden ontwikkeld op hackathons en later succesvolle producten werden. Er zijn gevallen

---

7   Cagan, M., Inspired: How To Create Products Customers Love, 2008, ISBN 978-0981690407

waarbij interne technologieën aanzienlijk werden herzien om de steeds ingewikkelder wordende architectuur te vereenvoudigen, starre koppelingen te verwijderen, zich te ontdoen van opeengestapelde afhankelijkheden, enzovoort.

Om deze paragraaf over de voortdurende verbetering en innovatie af te ronden, is het noodzakelijk om twee belangrijke opmerkingen te maken:
- Deze werkwijzen moet worden gemanaged, in plaats van onbeheerd achtergelaten.
- Niet in elke organisatie zijn deze werkwijzen hetzelfde.

■ 4.9 FINANCIERING DIE INNOVATIES MOGELIJK MAAKT

De beschikbaarheid van tijdige en voldoende financiering is een vereiste voor elke activiteit. Traditioneel worden beslissingen om middelen toe te wijzen genomen op basis van middellange- en langetermijnplanning, afgestemd op budgetcycli. Deze aanpak werkte tien jaar geleden goed, maar tegenwoordig creëert deze obstakels voor bedrijven die ernaar streven leiders te worden in innovatie. Wat is er mis mee?

Om te beginnen werkt financiering doorgaans met een cyclus: zich herhalende (in de regel jaarlijkse) iteraties bepalen het ritme voor budgetplanning en boekhouding. De aanwezigheid van ritme is een positieve factor, het probleem is dat dit ritme anders is dan wat een modern bedrijf nodig heeft. Is het inderdaad mogelijk om met zekerheid te voorspellen welke impact ideeën die zelfs niet in ontwikkeling zijn geweest over twaalf maanden hebben? Is het mogelijk om met een gerust hart de kosten voor zo'n lange periode te berekenen? Zoals beschreven is in paragraaf 1.3.1 kan in veel gevallen het vertrouwen in de gekozen richting alleen in de loop van de beweging naar boven komen en zijn bochten in de weg onvermijdelijk. Het is nogal triest als de budgetcyclus van het bedrijf is gekoppeld aan de tijd van de belastingaangifte. Misschien is het erg handig voor de afdelingen die verantwoordelijk zijn voor boekhouding en belastingadministratie, maar bedenk wel dat deze eenheden niet veel waarde creëren voor de organisatie; ze zijn ondergeschikt aan de doelen, missie, klanten, producten en partners van het bedrijf. Het blijkt dat de noodzaak om te voldoen aan bepaalde externe vereisten bepalend is voor de manier van bedrijfsplanning. Lezers die bekend zijn met de basisprincipes van managementaccounting, zullen het erover eens zijn dat deze vervorming moet worden geëlimineerd; het is echter een werkwijze die wordt toegepast door de overgrote meerderheid van de moderne ondernemingen.

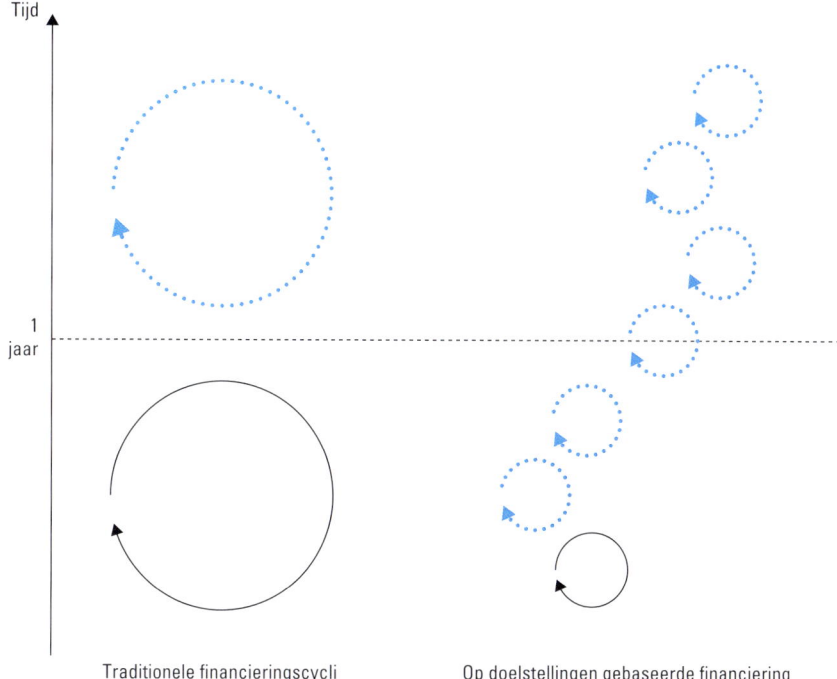

Figuur 4.12 De financieringscycli vallen niet samen in de tijd en in de richting, en kunnen zelden met elkaar worden gesynchroniseerd

De tweede fundamentele moeilijkheid vloeit voort uit het wijdverbreide gebruik van projectfinanciering: in projecten zouden de kosten zorgvuldig kunnen worden gepland en beheerst, en zou het rendement kunnen worden voorspeld. Voor een groot aantal moderne initiatieven heeft traditioneel projectmanagement echter weinig zin:

- Het product dat de organisatie wil hebben, kan niet van tevoren nauwkeurig worden gespecificeerd en zal in de loop van het werk vele malen veranderen.
- Na de formele afronding van het project begint het product pas met de levenscyclus, die bestaat uit voortdurende verbetering en correcties op basis van nieuwe ervaring die is opgedaan bij het gebruik ervan en in reactie op klanten.
- DevOps-experts raden af om gevestigde DevOps-teams te ontslaan, en raden ook niet aan om deeltijdmedewerkers erbij te betrekken.

Daarom zou de werkwijze van het financieren van producten in plaats van projecten passender zijn, en dit betekent een geheel andere manier van budgetteren en van resourceplanning.

Nu we het onderwerp middelen hebben genoemd, kunnen we een ander typisch probleem niet negeren: traditionele budgetteringsbenaderingen impliceren een harde concurrentie tussen afdelingen of teams. Het is duidelijk dat de middelen beperkt zijn, maar DevOps beschouwt de principes van samenwerking, gezamenlijk werk van afdelingen en teams, het gratis delen van kennis en expertise als zeer belangrijk. Als op het niveau van financieringsregels (dat wil zeggen, toewijzing van middelen) een organisatie de noodzaak introduceert om te strijden en te concurreren met collega's, dan moet men niet verrast zijn om een bedrijfscultuur aan te treffen waarin isolatie van individuele groepen de norm is.

Vroeger, toen de complexiteit van de systemen en de snelheid van verandering lager waren, werkten de traditionele financieringsmethoden relatief goed (behalve in die gevallen waarin budgettering werd gebruikt als een middel om te beperken en niet om prioriteiten te stellen). Tegenwoordig verhinderen de belemmeringen die hierdoor ontstaan innovatie. Een alternatieve aanpak die het mogelijk maakt om een hoog rendement op investeringen te behalen, is het opzetten van stabiele product- of serviceteams en deze voortdurend te financieren, waarbij ze een zekere mate van vrijheid krijgen bij het kiezen van hun strategie, implementatiemethoden en prioriteiten in hun verantwoordelijkheidsgebied.

Wat hier is gezegd, betekent natuurlijk niet dat er geen beperkingen zijn, bijvoorbeeld ten aanzien van uitgaven. Integendeel, de ervaring van sommige start-ups toont aan dat in de situatie van strikte boekhouding en onkostenbeheer wonderen van vindingrijkheid kunnen voorkomen, evenals nieuwe, unieke technische oplossingen die andere teams met verschillende principes van resourceplanning niet konden verzinnen. Het leven bewijst keer op keer dat onbeperkte fondsen en een eindeloze kalender nog steeds niet genoeg zijn om concurrerende producten te creëren waarvoor consumenten in de rij zullen staan.

De alternatieve benadering, die DevOps tot op zekere hoogte leent van moderne Lean enterprise managementwerkwijzen, impliceert een definitie op hoog niveau van langetermijndoelen, een preciezere planning van onmiddellijke acties en een constante aanpassing van kortetermijnplannen om de juiste richting te bepalen.

In een eenvoudiger geval, zoals hiervoor al vermeld, zouden de financieringsbeginselen veranderen van projectfinanciering naar toewijzing van middelen aan elk team. Het proces dat wordt beschreven door Jez Humble[8] is ingewikkelder, maar ook veel productiever:

- oriëntatiefase: zoeken en evalueren van het idee zonder tijd en middelen te besteden aan de ontwikkeling van een nauwkeurig en complex bedrijfsmodel;
- ontdekkingsfase: toewijzing van een vaste tijd en een vast budget; teambuilding, ontwikkeling van een minimaal haalbaar product (*minimum viable product*, MVP);

---

8 Humble, J., J. Molesky, B. O'Reilly, Lean Enterprise: How High Performance Organizations Innovate at Scale, 2015, ISBN 978-1449368425

- als het product in de vorige fase aantrekkelijk blijkt te zijn, is de volgende fase die van het exploiteren: behoud van het team, uitbreiding van financiering, product-ontwikkeling, zoeken naar extra kansen.

Het belangrijkste doel van dit proces is om interessante ideeën te selecteren; om beperkte middelen te investeren in een aantal ervan, met de verwachting dat de meeste ideeën niet van de grond komen, maar dat sommige zeker een significant resultaat zullen laten zien. Merk op dat veel research & development-afdelingen van technologiebedrijven, waar innovaties worden behandeld als een pijplijn, dezelfde principes volgen.

> Het bovengenoemde concept van MVP wordt vaak volledig verkeerd gebruikt. Velen geloven dat MVP iets is wat snel en niet netjes in elkaar wordt gezet, en een minimale functionaliteit biedt die op een of andere manier geen voor de hand liggende en opvallende tekortkomingen vertoont, om een prototype aan investeerders te kunnen demonstreren. Een soort vroege alfaversie van het product.
>
> Eric Ries[9], de bedenker van de term MVP, beschreef het echter als een strategie om zo min mogelijke middelen te investeren om door middel van tests en training zo maximaal mogelijke nieuwe informatie te verkrijgen voor het nemen van een beslissing op basis van objectieve gegevens: om in dezelfde richting te blijven, om de koers te veranderen of om het idee te negeren.
>
> Marty Cagan voegt daaraan significante MVP-kenmerken toe:
> 1. Klanten zouden het product willen kopen of gebruiken.
> 2. Klanten moeten kunnen begrijpen hoe ze het product kunnen gebruiken.
> 3. Bedrijven moeten in staat zijn om het volledige product te produceren als en wanneer een beslissing daartoe wordt genomen.
>
> Velen richten zich alleen op de laatste verklaring, dus op functionaliteit. In feite zijn alle drie de kenmerken belangrijk.

■ 4.10 PRIORITEITSTELLING VAN TAKEN

Een gebied dat vaak problemen veroorzaakt, is het prioriteren van taken in de wachtrij aan het begin van de waardestroom (value stream). Een traditionele aanpak ervan is het analyseren van taken, evalueren, vergelijken en prioriteren,

---

9   Ries, E., The Lean Startup, 2011, ISBN 978-0307887894

en verkrijgen van goedkeuring of toestemming; dit alles voor het uitvoeren van het eigenlijke werk. Al deze acties vereisen in de regel veel tijd en middelen. Tegelijkertijd zijn er meerdere tekortkomingen. Ten eerste brengt deze werkwijze ernstige vertragingen met zich mee. Ten tweede is informatie over de taken meestal achterhaald, dus hoe langer het duurt voordat een beslissing wordt genomen, hoe minder deze zal zijn gebaseerd op betrouwbare gegevens. Ten derde is het belang van deze stappen grotendeels overdreven. En tot slot, de meest onaangename: een lange fase van voorlopige beoordeling dient als katalysator voor het creëren van een hybride model, *Water-scrum-fall* genoemd: het team gelooft dat het modieus en flexibel werkt, terwijl het in feite op een zeer traditionele manier werkt.

De moeilijkheden van de eerste stap houden verband met de noodzaak om de taak die het eerst moet worden gedaan te selecteren uit de gemeenschappelijke pool; hiervoor wordt vaak een reeks criteria toegepast. Ten eerste is het nodig om het potentiële voordeel op de een of andere manier te evalueren – ten minste door deze taak met de andere te vergelijken. Evaluatie van voordelen is niet eenvoudig: methoden zoals Scrum helpen hier niet veel aan; zij verwachten dat deze informatie van de klant of de Product Owner komt. Dan is er een wens om de benodigde middelen voor de taak in te schatten, maar ook dat is moeilijk, vooral voor taken die voor de eerste keer worden uitgevoerd. Technieken zoals Planning Poker kunnen hier worden vermeld, maar we zullen die niet serieus en in detail beschouwen. Ten slotte is het zeer gevaarlijk om de urgentie uit de overwegingen te verwijderen. Evaluatie van voordelen en middelen moet niet abstract worden gedaan, maar in een bepaalde context, en het verwachte rendement hangt vaak af van de releasedatum; het beschrijven als ASAP is niet voldoende.

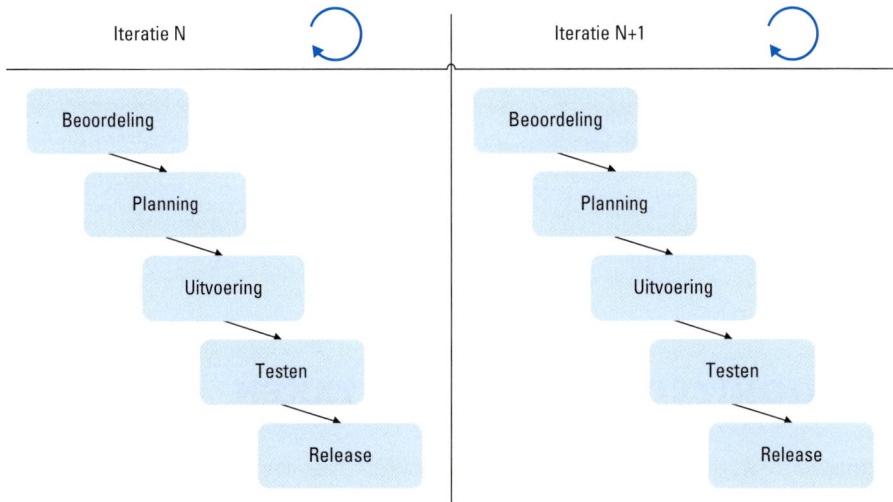

Figuur 4.13 Waterval, kunstig vermomd als iteraties

In 2009 stelde Don Reinertsen een fundamenteel andere benadering van prioritei-ten voor, en noemde het de Cost of Delay (kosten van vertraging).[10] De methode is relatief eenvoudig; ze is gebaseerd op een economische evaluatie van de bete-kenis van de genomen beslissing en werkt beter als de rij werk groot is. De eerste stap van de methode is het bepalen van de sleutelmetriek voor de gegeven waar-destroom. In veel gevallen zal het, heel voorspelbaar, een financieel rendement zijn, maar er kunnen zich situaties voordoen waarin een andere indicator belangrijker is. Nadat de meeteenheid is gedefinieerd, moet voor elke taak worden geschat of berekend wat er met de gekozen metriek zal gebeuren als de taak in de wacht-rij wordt vertraagd. De ervaring van Don Reinertsen leert dat veel teamleden de werkelijke waarde van deze indicator niet begrijpen en dat alle pogingen om deze te schatten in de regel een aanzienlijke fout opleveren. Reinertsen dringt aan op de nauwkeurigste berekening die mogelijk is, rekening houdend met de dynamiek van de waarde in de tijd. Deze benadering leidt tot ongemakkelijke vragen, die het team uiteindelijk zal leren beantwoorden.

Nadat de waarde van de belangrijkste Cost of Delay-metriek is ontvangen, is het vrij eenvoudig om verschillende taken onderling te vergelijken. In het eenvoudigste geval, bij taken met dezelfde duur, moet de taak met hogere kosten van vertra-ging in de wachtrij komen. In een complexer geval is het handig om een afge-leide metriek te gebruiken: de Cost of Delay Divided by Duration (CD3), kosten van vertraging gedeeld door de duur. Het voordeel van het rekening houden met de duur van de taak is dat aangetoond kan worden hoe lang taken de wachtrij blokke-ren voor andere kleinere taken, waardoor het potentiële voordeel van deze laatste taken wordt vertraagd. Het principe van prioritering stimuleert dus het verkleinen van de batchgrootte, waardoor hun waarde behouden blijft, wat de productleve-ring versnelt en zorgt voor een gelijkmatiger werklast.

Een van de voordelen van de Cost of Delay-methode is dat deze eenvoudig te gebruiken is door degene die helemaal aan het begin van de waardestroom staat: het is meestal daar dat aanzienlijke tijd wordt verloren en de versnelling het groot-ste effect zal hebben. Inderdaad, als eenmaal een enkele significante indicator voor elke taak is bepaald, dan zal, zodra een teamlid vrij is, deze eenvoudigweg de volgende taak met de hoogste kosten van vertraging (of CD3) uit de wachtrij pakken. Hetzelfde principe kan verderop in de keten worden gebruikt, maar voor korte iteraties in één of twee weken is het mogelijk om dit te doen zonder prioriteit-stelling, vertrouwend op de eerdere berekeningen.

Het tweede belangrijke voordeel van deze methode is economisch verantwoorde besluitvorming, die transparant is voor alle deelnemers. Het samenvoegen van

10 Reinertsen, D., The Principles of Product Development Flow: Second Generation Lean Product
     Development, 2009, ISBN 978-1935401001

verschillende parameters, wachten op goedkeuring door een leidinggevende of het gebruik van de HiPPO-methode (zie paragraaf 4.4) is niet vereist.

Ten slotte is de derde (en niet zo voor de hand liggende) eigenschap van de methode assistentie bij het actief beheersen van de beperking van WIP. Als meerdere taken tegelijkertijd worden uitgevoerd, geeft de statistiek de ergste kosten van de vertraging, dus bij het duidelijk volgen van de methode, zal niemand ooit meerdere taken tegelijkertijd uitvoeren.

Houd er echter rekening mee dat Cost of Delay geen extra parameter is voor de reeds beschikbare set. Integendeel, het is ontworpen om alle andere parameters uit te sluiten, wat de besluitvorming vereenvoudigt en verspilling vermindert aan het begin van de waardestroom.

■ 4.11 VOORTDURENDE IDENTIFICATIE, EXPLOITATIE EN BEPERKINGEN

De waardestroom zoals besproken in hoofdstuk 3 zal altijd beperkingen hebben, daar moet altijd rekening mee worden gehouden. De toestand van een gelijkmatige stroom zonder vertragingen wordt niet van de ene dag op de andere bereikt en vereist inspanning. En dit betekent de noodzaak voor de volgende werkwijze: met behulp van visualisatietools samen met WIP-limieten, kan men de knelpunten van deze waardestroom identificeren. Van alle bekende knelpunten is er één die de grootste vertraging veroorzaakt – dit is degene waar de aandacht op gericht moet worden.

Werken met een knelpunt bestaat eigenlijk uit twee stappen. Ten eerste is het noodzakelijk om te begrijpen hoe de werkvoorschriften op korte termijn kunnen worden gewijzigd om zo goed mogelijk te kunnen werken met het geïdentificeerde knelpunt (exploiteren). Bijvoorbeeld door taken in een stream te beperken zodat ze de bottleneck niet overbelasten en alleen belangrijke taken met hoge prioriteit over te brengen naar dit punt. Ten tweede moeten we een manier vinden om de bottleneck zo snel mogelijk te elimineren, om ervan af te komen. Dat gezegd hebbende, is het belangrijk eraan te denken dat het gevaar bestaat dat na een tijdje opnieuw een beperking op dezelfde plaats ontstaat, vanwege de traagheid van het systeem en de neiging van processen om terug te keren naar de vorige, gebruikelijke toestand.

Na het elimineren van de geïdentificeerde beperking, is het mogelijk om eerder vastgestelde kortetermijnregels ongedaan te maken en te beginnen met het zoeken naar het volgende belangrijkste knelpunt.

■ 4.12 SAMENVATTING

De omvang van elk boek is van nature beperkt. Bovendien is de omvang van dit boek bewust beperkt: weinig mensen in de realiteit van vandaag de dag hebben de mogelijkheid om een aanzienlijke hoeveelheid tijd te besteden aan het lezen van lange teksten. Daarom wordt de beoordeling van andere DevOps-werkwijzen (er zijn er een groot aantal in de boeken en in de praktijk) buiten beschouwing gelaten.

Het is vermeldenswaard dat, zoals uitgelegd in hoofdstuk 2, veel van de DevOps-werkwijzen zijn geërfd of overgenomen uit gebieden als Theory of Constraints, Lean productie, continue inzet en andere al lang bestaande managementgebieden. Dit maakt ze natuurlijk niet minder bruikbaar voor het oplossen van management-problemen in DevOps. In de verdere studie van dergelijke werkwijzen kunnen heel wat interessante, reeds gepubliceerde boeken nuttig zijn voor de lezer. Het laatste hoofdstuk van dit boek gaat over de praktische toepassing van DevOps.

5 PRAKTISCHE TOEPASSING

■ 5.1 DE TOEPASBAARHEID EN BEPERKINGEN VAN DEVOPS

Waarschijnlijk heeft het vorige hoofdstuk de lezer de indruk gegeven van een sprookje: het zou geweldig zijn om erin te zitten! De werknemers in zelforganiserende teams zouden volledig gemotiveerd zijn, business en IT zouden gezamenlijk zoeken naar manieren om geliefde klanten en hun geld te vinden, IT-systemen zouden stabiel worden, veranderingen en releases zouden gestaag doorgaan, en de technical debt zou afnemen. De eerder gekozen wijze van uitleg door vergelijking van 'traditionele' werkwijzen met de DevOps-werkwijze zou de indruk kunnen achterlaten dat de voordelen benadrukt worden en de tekortkomingen verborgen.

Toch probeerden we alle aspecten van DevOps zo onpartijdig mogelijk te beschouwen. Zoals al aan het begin van dit boek is vermeld, is DevOps een van de tools, zij het een nieuwe, in handen van een moderne IT-manager. Net als andere managementtools is het geen remedie voor alle ziekten, maar is het het meest geschikt voor het oplossen van specifieke problemen. En zoals elke tool, heeft DevOps zijn grenzen. Laten we ze eens bekijken, nog steeds vanuit een nuchter en pragmatisch standpunt.

Aangezien u het laatste hoofdstuk van dit boek hebt bereikt, is het leven van uw IT-afdeling waarschijnlijk op dit moment heel anders geregeld. De omvang van de vereiste veranderingen is groot en het starten van dergelijke grote transformaties is alleen de moeite waard als er een duidelijk begrip is van twee aspecten: de voordelen en de levensvatbaarheid. Laten we ze een voor een bekijken.

Om te beginnen zal in principe niet elke organisatie aan DevOps moeten denken. Laten we allereerst speciale gevallen uitsluiten: commerciële softwareontwikkelaars, *system integrators*, IT-outsourcers en projectgerichte organisaties. In al deze gevallen vindt deelname alleen plaats in een beperkt deel van de waardestroom. Zie figuur 5.1.

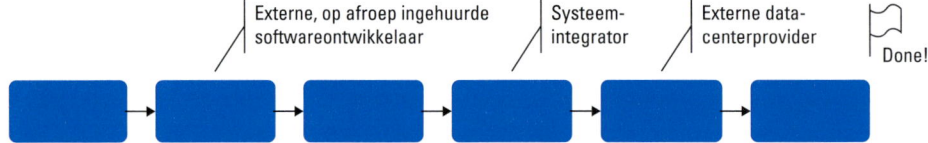

Figuur 5.1 Speciale gevallen die in de tekst niet worden besproken

De toepasbaarheid van DevOps in dergelijke situaties is een onderwerp dat een aparte publicatie verdient. We zullen ons richten op een traditionelere lay-out: een bedrijf met een interne of externe IT-afdeling die volledig verantwoordelijk is voor alle informatietechnologie. Eigenlijk zijn het bedrijfsdomein en de eigendomsvorm van dergelijke organisaties niet zo belangrijk: het kan een bank zijn, een verzekeringsmaatschappij, een handelsorganisatie, een non-profitorganisatie, een productie- of een servicebedrijf. Het belangrijkste is dat de organisatie informatietechnologieën gebruikt, en daarvan is het doel het verkrijgen van het maximaal rendement van IT.

Organisaties hebben wat aan DevOps wanneer aan de volgende voorwaarden wordt voldaan:

- De kernactiviteit van het bedrijf is sterk afhankelijk van informatietechnologie (dit kan gemakkelijk worden beoordeeld aan de hand van indirecte criteria: bijvoorbeeld het aandeel van de IT-kosten in het budget van de organisatie en de zetel van de top-IT-manager in de hiërarchie van het bedrijf).
- Het aantal wijzigingen in de informatietechnologie die door deze organisatie wordt gebruikt, is groot.
- De hoofdactiviteit vraagt om snelle wijzigingen om nieuwe zakelijke ideeën of hypothesen te testen (zie paragraaf 1.3.1).
- Er zijn IT-gerelateerde risico's voor de corebusinessactiviteiten die eigenaren of het topmanagement onaanvaardbaar achten.
- Alle andere geprobeerde en geteste methoden voor het verhogen van de effectiviteit geven niet langer significante resultaten.

Hier is een voorbeeld van de risico's die in de hiervoor genoemde lijst worden genoemd: Elke week maken een miljoen nieuwe klanten verbinding met het Apple Pay-systeem.[1] Een deel van de transactie-inkomsten uit hun betalingen voor totaal verschillende diensten, niet gerelateerd aan Apple-producten en -diensten, wordt nu door deze onderneming ontvangen, in plaats van door banken. De omvang van de verliezen van de banken kan worden geschat door het totale aantal actieve Visa-kaarten (ongeveer 2,5 miljard) en actieve iPhone-apparaten (0,7 miljard) te vergelijken.[2] Een soortgelijk verhaal ontwikkelt zich voor het Android Pay-systeem. Tegelijkertijd hebben

1   http://fortune.com/2017/05/02/apple-pay-volume-up
2   http://fortune.com/2017/03/06/apple-iphone-use-worldwide

noch Apple noch Google een banklicentie, hoeven ze niet te voldoen aan strikte wettelijke vereisten die worden toegepast op financiële organisaties, en dragen ze geen kosten voor het onderhoud van filialen en ATM-netwerken. Wat ze hebben is een krachtige financiële hulpbron, geavanceerde technologie en toegang tot een loyale klantenbasis, die onbereikbaar is voor elke financiële instelling in de wereld. Met het gebruikelijke hoge tempo van IT-bedrijven vormen ze een bedreiging voor elke traditionele bank, die al tientallen jaren gewend is om zijn inkomsten op de gebruikelijke manier te krijgen – van transacties, deposito's en leningen, zoals alle andere banken.

Als voor de betreffende organisatie de voorwaarden in deze lijst relevant zijn, heeft het gebruik van DevOps in een of andere vorm een potentiële waarde.

We moeten apart de gevallen noemen waarin organisaties het gebruik van DevOps overwegen om de geaccumuleerde technical debt drastisch te verminderen of om de kwetsbaarheid van de IT-infrastructuur te elimineren. We moeten degenen die zich laten meeslepen door DevOps eraan herinneren dat voor complexe situaties DevOps hoogstwaarschijnlijk niet veel winst zal brengen en zeker geen *quick wins* zal opleveren; integendeel, organisatorische en technologische veranderingen kunnen leiden tot chaos en verlies van controle. Chronische problemen moeten zorgvuldig en verstandig worden opgelost, zonder te hopen dat DevOps een magische remedie is tegen alle ziekten.

Laten we verdergaan met het tweede aspect, levensvatbaarheid. Kan DevOps bij alle organisaties worden 'ingebouwd'? Veel experts zijn geneigd om hierop positief te reageren. Ter bevestiging is er het geval van de HP LaserJet Firmware-divisie. Er zijn in deze afdeling meer dan vierhonderd ontwikkelaars van firmware voor printers, scanners en multifunctionele apparaten, met werknemers in drie landen. In de begintoestand werd slechts een klein deel van de ontwikkelingsaanvragen van de marketingafdeling geaccepteerd, werden releases elke zes maanden gemaakt, en werd slechts 5% van de werktijd van de medewerkers besteed aan het ontwikkelen van nieuwe functionaliteit. In vier jaar tijd was het mogelijk om de ontwikkeling van maximaal tien tot vijftien assemblages per dag te versnellen, de productiviteit van medewerkers met maximaal 40% te verhogen, de testtijd van drie weken naar één dag te verlagen, en andere wonderen.

Dit voorbeeld, hoe reëel het ook is, ligt buiten het eerder geschetste gebied van 'een bedrijf dat een eigen IT-afdeling heeft'. Het kan worden gebruikt als een didactisch verhaal, maar helpt niet om de beperkingen van de toepasbaarheid van DevOps te identificeren. De lijst met belangrijkste uitdagingen is echter eindig en over het geheel genomen is het vrij duidelijk.

DevOps is niet erg geschikt voor die organisaties die niet over een eigen afdeling voor softwareontwikkeling beschikken: bijvoorbeeld wanneer alle gebruikte core-software standaardpakketten zijn (zie ook paragraaf 5.2) die zijn geconfigureerd via een gebruikers- of admin-interface. Als het bedrijf geen interne softwareont-wikkeling heeft, is er geen begin van de waardestroom; er is geen mogelijkheid om de versies van de broncode te besturen (aangezien er geen toegang is tot de broncode en er geen competenties zijn om dit te begrijpen). Maar er is wel een aanzienlijke afhankelijkheid van de leverancier en maker van de software. De negatieve gevolgen van deze afhankelijkheid zijn bekend: hoe groot en bekend een organisatie ook is, men is meestal slechts een van de vele klanten en ondanks alle garanties van de accountmanagers van de leverancier, bevindt men zich in dezelfde wachtrij voor de aandacht van de ontwikkelaars als alle anderen. Wat hier belangrijk is, is niet het nummer in de wachtrij, maar het feit dat deze bestaat. Een ander negatief gevolg van de afhankelijkheid van de externe software is de extreme traagheid van veel softwareleveranciers vanwege het gebruik van water-valmodellen en lange releasecycli. Er zijn gevallen waarin kritieke fouten in een nieuwe versie van de software gedurende meer dan negen maanden niet zijn gecorrigeerd, individuele storingen niet meer dan eens per half jaar worden gedi-agnosticeerd en de klant een sombere keuze krijgt: ofwel nog twee of drie jaar doorgaan met de oude versie met langdurige ondersteuning, of voortdurend over-schakelen naar elke nieuwe versie, waarbij een aantal oude fouten worden opge-lost en een aantal nieuwe worden geïntroduceerd. Werken in dergelijke situaties zal in meer detail worden besproken in de volgende paragraaf.

Een andere uitdaging voor DevOps-implementatie zal zich voordoen in organisaties die wel hun eigen software gebruiken, maar waarin de ontwikkelaars geen eigen personeel zijn: de ontwikkeling wordt in opdracht uitgevoerd door andere bedrijven, of ontwikkelaars werken onder een soort van contract: freelance, *outstaffing* en dergelijke. In dit geval is het moeilijk om ze volledig op te nemen in de waardestroom vanwege de totaal verschillende motivatie. Fulltime werknemers zijn doorgaans meer geïnteresseerd in het voldoen aan de behoeften van de kernactiviteiten en in de welvaart van het bedrijf, in hun eigen loopbaangroei en dus in een hoogwaar-dig eindproduct van hun werk. Externe ontwikkelaars zullen hun aansprakelijkheid eerder beperken in strikte overeenstemming met het contract en zich concentreren op de formele uitvoering van de werkorder. Een aantal jaar geleden was het nog heel trendy om bijna alles uit te besteden, afgezien van de kernbedrijfsprocessen. Tegenwoordig is er een tendens om interne softwareontwikkeling en IT-activiteiten terug te brengen in het bedrijf. Het wordt als dom beschouwd om dit niet te doen wanneer de concurrentie in verschillende industrieën neerkomt op concurrentie in de toepassing van op software gebaseerde informatietechnologieën.

Kort gezegd, software eet de wereld op.

Steeds meer grote bedrijven en industrieën draaien op software en leveren online diensten – van films tot landbouw tot nationale defensie. Veel van de winnaars zijn bedrijven in de technologie van ondernemers in Silicon Valley-stijl die gevestigde industriestructuren binnenvallen en vernietigen. In de loop van de volgende tien jaar verwacht ik dat veel meer industrieën worden geraakt door software, met nieuwe wereldberoemde Silicon Valley-bedrijven die dit in nog meer gevallen doen dan nu.[3]

Marc Andreessen, mede-oprichter van Netscape, medeoprichter en partner van het investeringsfonds Andreessen-Horowitz, 2011

De volgende beperking van de implementatie van DevOps zijn reeds lang bestaande en gevestigde processen, ondersteund door een beslissingshiërarchie, organisatiestructuur, interne regelgevingsdocumentatie, bureaucratie en bedrijfs-cultuur. Sommige grote organisaties schatten hun vermogen om te veranderen nuchter in als beperkt, terwijl de overgang naar DevOps een grote herstructure-ring vereist, niet alleen van de IT-afdeling, maar ook van de bedrijfseenheden. Het volstaat om even terug te denken aan de verschillen tussen de cultuur van traditio-nele grote bedrijven en de cultuur van start-ups zoals vermeld in paragraaf 4.1.7, om de schaal van de vereiste transformatie te begrijpen. Het is belangrijk op te merken dat voor veel organisaties een volledige verandering in de bestaande werkmetho-den fundamenteel onmogelijk is, ondanks het bewezen succes op korte termijn in sommige delen van de organisatie.

Ten slotte is het laatste belangrijke obstakel de monolithische, rigide IT-architectuur. De introductie van kleine teams vereist de mogelijkheid om een afzonderlijk verant-woordelijkheidsgebied toe te wijzen aan elk van deze. In een situatie waarin het IT-systeem in kwestie nog steeds wordt ontwikkeld en onderhouden door tientallen of honderden werknemers als een enkele entiteit, zal het moeilijk zijn om onder-delen van elkaar te scheiden in individuele onafhankelijke teams die asynchroon werken. Enkele gedachten over dit onderwerp worden gegeven in paragraaf 5.3.

Om de bovengenoemde complicaties te voorkomen, moeten we, naar de mening van velen, nog enkele factoren toevoegen die het gebruik van DevOps beperken. Maar eerst moeten we opmerken dat deze factoren ten onrechte worden gezien als problemen die de deur sluiten voor DevOps-initiatieven. Het is juister om ze te behandelen als beperkingen die kunnen worden geëlimineerd, dat wil zeggen als taken die wel oplossingen hebben:

—

3   https://a16z.com/2016/08/20/why-software-is-eating-the-world

- Gebrek aan bereidheid om DevOps-teams te creëren zoals hiervoor beschreven. Sommige organisaties moedigen hun werknemers bijvoorbeeld aan om op afstand te werken (thuiswerken) zonder op bepaalde uren op kantoor te zijn. Dit is het geval in geografisch verspreide bedrijven, waar medewerkers van IT-afdelingen niet allemaal op één plek zitten. Daarbij is de organisatiestructuur in veel organisaties zo rigide dat er geen ruimte is voor het creëren van multifunctionele teams. Deze voorbeelden illustreren de stelling die hiervoor genoemd werd: ze zijn geen bottleneck op weg naar DevOps, ze vereisen alleen passende veranderingen, correcties, die misschien niet gemakkelijk zijn, maar wel mogelijk.

- 'Speciale' vereisten voor informatiebeveiliging of naleving van wet- en regelgeving. Het woord 'speciaal' is opzettelijk tussen aanhalingstekens geplaatst: een zorgvuldiger afweging van de materie in een bepaald bedrijf kan aantonen dat deze organisatie in werkelijkheid niet fundamenteel verschilt van de andere die in dezelfde bedrijfstak werkzaam zijn. Ja, er moet rekening worden gehouden met nalevingsvereisten of informatiebeveiligingsvereisten, maar het is meer een kwestie van benadering en technologie dan van noodzaak om op een uitsluitend conventionele manier te werken.

- Minimaal gebruik van virtualisatie en cloud computing, of het volledig stopzetten van deze technologieën, evenals het gebruik van zeer verouderde programmeertalen. De punten die in het eerste deel van het boek werden gegeven, tonen aan dat cloud computing moet worden gebruikt. Zoals in paragraaf 1.1 werd aangegeven, was het daaraan te danken dat DevOps mogelijk werd. Bedrijven die beperkt gebruikmaken van virtualisatie zullen bepaalde problemen hebben met het implementeren van DevOps. De keuze voor een bepaalde technologie is echter een beslissing van het bedrijf zelf en als het gebruik van nieuwe informatietechnologieën nieuwe beheertools vereist, kunnen de relevante wijzigingen worden gepland en geïmplementeerd.

Figuur 5.2 geeft een samenvatting van alle belangrijke motieven voor het gebruik van DevOps, en van factoren die het gebruik van DevOps beperken.

Het is duidelijk dat de aanwezigheid van een van de beperkende factoren uit figuur 5.2 DevOps niet onmogelijk maakt. Sommige voordelen kunnen worden verkregen onder moeilijke omstandigheden en veel beperkingen kunnen op de een of andere manier worden omzeild. Het is ook duidelijk dat de reeks beperkende factoren het gebruik van DevOps verder bemoeilijkt. Waar de grens ligt waarop de beperkingen een onoverkomelijke barrière gaan vormen (en of die er is), is onbekend. HP's voorbeeld van firmwareontwikkeling laat echter zien, net als andere voorbeelden van DevOps-implementatie, dat de limiet waarschijnlijk veel verder weg is dan algemeen wordt aangenomen.

Figuur 5.2 Interesse voor DevOps en bekende beperkingen

■ 5.2 COTS

Bij het streven naar besparingen op informatietechnologie, en om de complexiteit van systemen te verminderen en sneller rendement te behalen, volgen veel organisaties het principe van het tot een minimum beperken van interne softwareontwikkeling en het zo veel mogelijk kopen van kant-en-klare software, de zogenaamde standaard softwarepakketten. Dit soort kant-en-klare software heeft zelfs een eigen naam: COTS (Commercial Off-the-Shelf). Deze aanpak is vrij gebruikelijk en om een goede reden. Zoals hiervoor is aangegeven, kan het gebruik van COTS echter een ernstig obstakel vormen voor de toepassing van DevOps. Geconfronteerd met het probleem van compatibiliteit van DevOps en COTS, hebben organisaties de volgende reeks aanbevelingen ontwikkeld.

Ten eerste, gebruik geen COTS om strategische *business lines* te automatiseren. In een situatie waarin de concurrentie verschuift naar informatie- en informatietechnologie, waarbij het noodzakelijk is om maximale flexibiliteit en controle te hebben, is dit meestal niet haalbaar met COTS. Daarom is het eerste advies dat een serieuze deskundige zal geven, dat men zich moet ontdoen van de COTS-software die op de belangrijkste gebieden van het bedrijf werken. Dus stap over naar interne softwareontwikkeling.

Als het gebruik van COTS, zij het tijdelijk, onvermijdelijk is, moeten specifieke applicaties en de strategie om ze te beheren worden gekozen met de volgende classificatie in gedachten:

■ Open applicaties, zoals Salesforce, stellen u in staat standaardfunctionaliteit te gebruiken en aan te passen aan de eigen bedrijfsprocessen.
■ Gesloten applicaties, zoals Adobe-producten, impliceren niet echt enige aanpassing.
■ platformapplicaties, zoals Microsoft Dynamics, vormen de basis voor het bouwen van eigen IT-systemen.

Met COTS moeten dezelfde principes worden gevolgd als met interne software in het kader van de DevOps-werkwijzen. Weg met de installatie en configuratie via gebruikers- of admin-interfaces; in plaats daarvan moet het installatieproces in detail bestudeerd worden, moet begrepen worden wat het installatieprogramma doet, welke bestanden worden gemaakt en gewijzigd, welke wijzigingen zijn aangebracht in databases, enzovoort. Maak vervolgens een script en repliceer het werk van het originele installatieprogramma.[4] Mogelijk moeten er verschillende scripts ontwikkeld worden voor het installeren en configureren van het systeem in verschillende gebruikte of geplande omgevingen: test, acceptatie of productie. Alle scripts moeten worden opgeslagen in het versiebeheersysteem. Indien nodig kunnen applicatiebibliotheken, binaire en andere ondersteunende bestanden worden opgeslagen in hetzelfde systeem of in het opslagsysteem voor artefacten. De essentie is om zich te ontdoen van het handmatige en gecompliceerde installatie- en configuratieproces, en dit te vervangen door een geautomatiseerde implementatie uitgevoerd door bekende en gecontroleerde scripts.

Evenzo wordt geadviseerd om de benadering van de setup van de in gebruik zijnde software opnieuw te overwegen. Geautomatiseerde besturingssystemen maken het mogelijk om gebieden te identificeren die bijna nooit veranderen wanneer de applicatie wordt geconfigureerd en bijgewerkt. En omgekeerd zijn er configuratie-items en -bestanden die in bijna elke configuratie veranderen, wat betekent dat ze onderhevig zijn aan strenge controle in het versiebeheersysteem. De uiteindelijke

---

4 Het is de moeite waard om te vermelden dat enthousiastelingen de zogenoemde 'draagbare versies' van sommige populaire applicaties blijven maken, zonder toegang tot de broncode of kennis van de interne architectuur van deze applicaties te hebben. Draagbare versies kunnen worden gestart en volledig worden gebruikt zonder installatie op de doelcomputer. Als enthousiastelingen dit soort werk kunnen doen, voor soms vrij complexe applicaties, kan deze mogelijkheid ook worden overwogen voor industriële systemen.

taak is om op elk gewenst moment een afzonderlijk opgeslagen volledige kopie van alle applicatie-instellingen onder versiebeheer te hebben.

Op zijn minst zijn de volgende oplossingen mogelijk:

1. Standaardconfiguratietools voor COTS, zoals de IDE (Integrated Development Environment), bevatten wijzigingshaken (*change hooks*) voor het veranderen van systeemconfiguratie. Zodra de beheerder of ontwikkelaar iets in de applicatie verandert, detecteert de haak de aangebrachte wijzigingen, converteert deze naar een formaat dat geschikt is voor het versiebeheersysteem en verzendt het eindbestand of de bestanden ernaar; in sommige gevallen controleert het op conflicten tussen wijzigingen. Later, met behulp van de ingebouwde mechanismen voor het importeren van configuraties, is het mogelijk om de systeeminstellingen te wijzigen of te herstellen zonder de IDE te gebruiken. Dit type configuratiebesturing is het minst duur, maar wordt niet door alle IT-systemen ondersteund.

2. Applicatie-instellingen worden geëxporteerd in een formaat dat geschikt is voor het versiebeheersysteem. Idealiter wordt deze export automatisch uitgevoerd, getriggerd door wijzigingen in de COTS. Als er geen trigger is, wordt gepland dat de export overeenkomt met de stroom van wijzigingen in het systeem (bijvoorbeeld elke nacht). In de regel kunnen versiebeheersystemen binnenkomende bestanden vergelijken met de opgeslagen bestanden en als er geen wijzigingen zijn, is de trackingbelasting onbeduidend en wordt de informatie niet gedupliceerd. Deze methode is duurder dan de eerste, maar is universeler.

3. De duurste methode werkt voor gevallen waarin COTS geen configuratie-export ondersteunt, maar wel over een aantal importmogelijkheden beschikt. Deze methode houdt het ontwikkelen van een eigen COTS-configuratieapplicatie in. Alle configuraties worden gedaan in deze applicatie; configuratiebestanden worden in de vereiste indeling opgeslagen in het versiebeheersysteem en geïmporteerd in het doel-IT-systeem volgens het COTS-formaat.

Het gaat in feite om het opnieuw creëren van een fragment van de ontwikkelomgeving voor een applicatie met niet-beschikbare broncode. Het werk stopt daar echter niet. Het is noodzakelijk om tests te ontwikkelen die automatisch kunnen worden uitgevoerd, waarbij de ingevoerde wijzigingen worden gecontroleerd; evenals algemene systeemoperaties en integratie en interacties met andere systemen. Geautomatiseerd testen is een onderdeel van de deployment pijplijn, wat ook voor COTS zou moeten werken.

Het beste scenario voor COTS is een regelmatige, snelle, geautomatiseerde, volledige herinstallatie van de applicatie in de productieomgeving vanaf nul, gebaseerd op de gegevens van het configuratiebeheersysteem, zonder systeemuitvaltijd en onopgemerkt voor gebruikers. Een dergelijk niveau van beheer zorgt ervoor dat er geen verrassingen zijn bij wijzigingen aan de systemen en dat niet-succesvolle wijzigingen vroegtijdig en automatisch worden teruggedraaid.

■ 5.3 EVOLUERENDE ARCHITECTUUR

In paragraaf 5.1 hebben we de uitdaging belicht waarmee veel organisaties die vóór 2010 werden gevormd te maken hebben: een monolithische IT-architectuur met nauwe verbindingen tussen systeemcomponenten. Moderne applicaties bestaan uit een verzameling interactieve objecten: gekoppelde structuren worden gemaakt op het niveau van bedrijfslogica, gegevens, IT-infrastructuur en andere. Systemen zijn ontworpen en ontwikkeld als een enkele entiteit, zowel horizontaal (objecten en communicatie daartussen) als verticaal (applicaties, servers, DBMS, protocollen en interfaces voor gegevensuitwisseling). Deze architectuur levert een hele reeks problemen op:

- Zelfs kleine veranderingen in een deel van het systeem kunnen leiden tot nega-tieve, vaak onvoorspelbare effecten in andere delen.
- Veel ontwikkelaars werken tegelijkertijd aan de functionaliteit van het systeem, ieder op hun eigen niveau, waardoor middelen nodig zijn voor de coördinatie.
- Zeer weinig medewerkers begrijpen het totale landschap van het IT-systeem, met al zijn afhankelijkheden en beperkingen; de medewerkers die het wel begrijpen worden snel zeer waardevol, onvervangbaar en overbelast.
- Alle documentatie over het IT-systeem raakt snel overbodig.
- De ontwikkeling en de werking van het IT-systeem zijn op een natuurlijke manier gescheiden: operationeel en ondersteunend personeel kennen niet de complexe details van de systeemarchitectuur, daarom moeten ze zelfs relatief eenvoudige vragen naar ontwikkelaars escaleren.
- Het is moeilijk om verantwoordelijkheidsgebieden voor kleine zelfvoorzienende teams te identificeren, waardoor de belangrijkste voordelen van Agile ontwik-keling tot nul gereduceerd worden en het resultaat niet aan verwachtingen voldoet.
- De bestaande architectuur voldoet niet volledig aan de moderne vereisten, raakt al snel verouderd nadat deze is gemaakt. Belangrijke architectuurbeslissin-gen werden genomen toen er niet genoeg informatie was en er geen ervaring was met Agile ontwikkeling.
- Het veranderen en ontwikkelen van de architectuur zelf is niet gemakkelijk vanwege het grote aantal starre verbindingen.

Het traditionele antwoord op deze uitdagingen bestaat uit een aantal formele managementprocessen en een toename van het aantal besturingselementen, terwijl dat een vertragend effect heeft. Het wijzigen van één coderegel om een fout te herstellen kan bijvoorbeeld enkele minuten duren voor de ontwikkelaar, waarna er verschillende maanden van formaliteiten volgen voordat de wijziging naar de productieomgeving gaat. Het systeem moet als geheel worden getest op de integratie van meerdere wijzigingen die door veel ontwikkelaars zijn aange-bracht. Om hiermee om te gaan introduceren IT-afdelingen extra kunstmatige barrières, ook wel bekend als de releasekalender. Inderdaad, als het testen van wijzigingen gecompliceerd is en aanzienlijke middelen vereist, dan zou het zo min mogelijk moeten gebeuren. Helaas zal deze benadering, hoe rigoureus ook, niet helpen fouten te voorkomen in een productieomgeving.

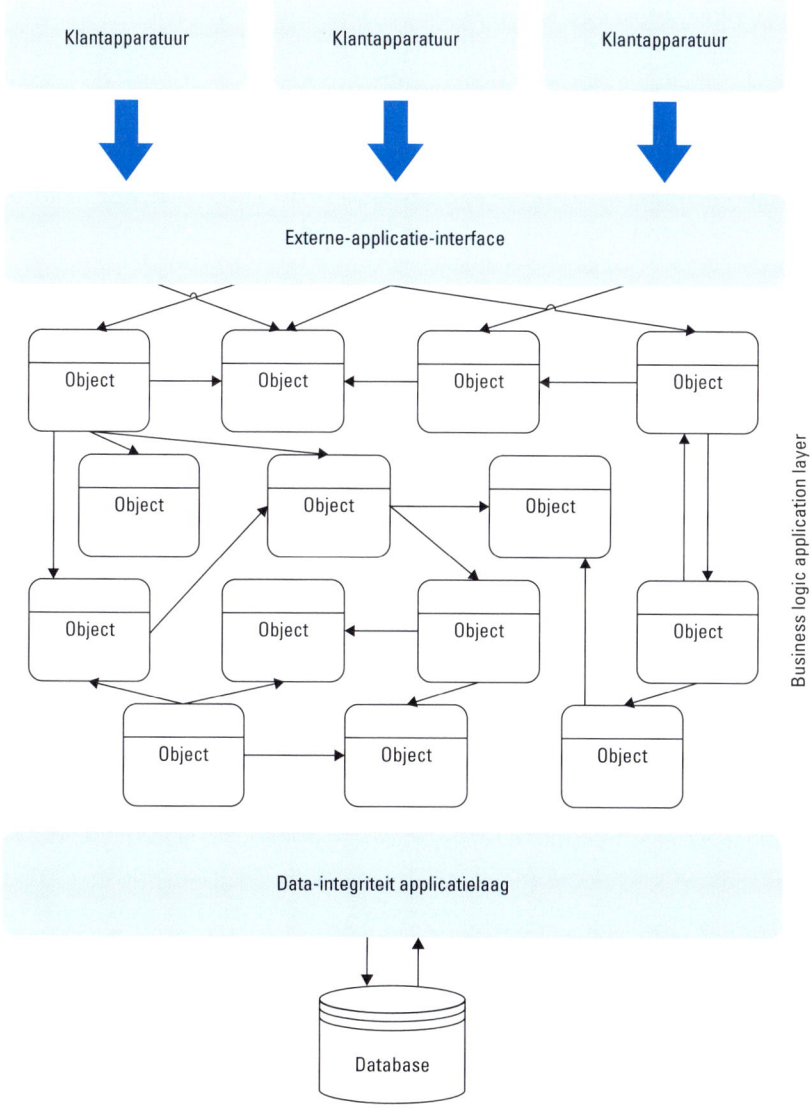

Figuur 5.3 Illustratie van een monolithische architectuur van een zeer eenvoudig IT-systeem (niet alle links worden getoond)

Deze problemen van de monolithische architectuur manifesteerden zich lang geleden, toen de eerste ervaring met de werking en ontwikkeling van grote informatiesystemen werd opgedaan. Engineers zijn voortdurend op zoek naar betere ideeën: modulaire architecturen, microkernel-architectuur, door gebeurtenissen aangestuurde (*event driven*) architectuur (met brokers of *middleware*), servicegeoriënteerde architectuur (SOA) en andere, waaronder hybride op basis van de hiervoor genoemde. Zoals de auteurs van *Building Evolutionary Architectures*[5] echter opmerken, hebben ze allemaal aanzienlijke nadelen en soms een hogere mate van complexiteit, waardoor ze slecht toepasbaar zijn voor DevOps-initiatieven.

Een radicale, veelbelovende oplossing die de laatste jaren veel aandacht heeft gekregen, is de zogeheten 'microservice-architectuur'[6]. Applicaties zijn ontworpen als een set van domeingebaseerde elementen: elk ervan is verantwoordelijk voor de specifieke essentie van het IT-systeem en omvat alle noodzakelijke technische en infrastructuurcomponenten waarvan, bijvoorbeeld, databases en bibliotheken afhankelijk zijn. Dergelijke diensten zijn niet met elkaar verbonden; in plaats daarvan communiceren ze uitsluitend via de opgegeven programma-interfaces of berichtwachtrijen. Geen van de services mag bekend zijn met de interne indeling of werking van andere services en mag er niet van afhankelijk zijn. Het principe Share Nothing (niets delen) wordt gebruikt.

Microservices

Een softwareapplicatie moet voldoen aan regels van een architectuur. Met die regels geeft een architectuur onder andere richting aan hoe nieuwe functionaliteiten geprogrammeerd moeten worden. Tevens bepaalt de architectuur wat er wel en niet mogelijk is binnen de programmatuur. Een voorbeeld hiervan is de microservices-architectuur. Hiervan bestaat geen eenduidige definitie, maar in essentie houdt het in dat één grote applicatie (een zogenoemde 'monoliet') wordt opgeknipt in meerdere, kleinere applicaties (de microservices). Deze losse applicaties communiceren met elkaar en doen uiteindelijk in functionele zin hetzelfde als de monolithische applicatie. Als dat goed wordt uitgevoerd merken de gebruikers er niets van. Microservices worden veelvuldig gebruikt bij grote bedrijven als Amazon en Netflix. Veel online organisaties worden geconfronteerd met de vraag of zij hier ook iets mee moeten gaan doen. Als er in functionele zin niets verandert, waarom zou men dan microservices toepassen? Daar zijn meerdere redenen voor. De belangrijkste zijn:

---

5   Ford, N., R. Parsons, P. Kua, Building Evolutionary Architectures, 2017, ISBN 978-1-491-98636-3
6   https://www.emerce.nl/achtergrond/microservices-wel-of-niet-gebruiken

- Betere performance. Volgens Amazon draagt een sneller systeem bij aan meer verkoop. Betere performance van de software zorgt dus direct voor *business value*. Een microservice-architectuur geeft beter inzicht in het presteren van deelsystemen, zodat waar nodig de individuele microservice geoptimaliseerd of opgeschaald kan worden.
- Beter onderhoudbare software. Concreet betekent dit dat software sneller doorontwikkeld kan worden, en dat nieuwe functies en verbeteringen dus eerder beschikbaar zijn voor de eindgebruiker. Kleine applicaties zijn immers makkelijker te begrijpen, waardoor het onderhoud eenvoudiger wordt. Dat leidt ook tot minder fouten.
- Duurzame *velocity*. Hoe groter een softwareproject wordt, hoe meer mensen eraan werken. Daarbij groeit ook de behoefte aan coördinatie en communicatie tussen de betrokkenen in het project. Dit kan zulke vormen aannemen, dat product managers en ontwikkelaars alleen nog maar aan het praten zijn, terwijl er (vrijwel) niets meer opgeleverd wordt. Bij een microservice-architectuur zijn de services per definitie klein en worden er teams rond elke microservice opgezet. Daarmee wordt de verlammende communicatie-overhead vermeden, en kan de velocity behouden worden.
- Ontwikkelen in meerdere programmeertalen. Applicaties hebben hun eigen codebase en communiceren alleen via standaardprotocollen met elkaar. Daardoor is het mogelijk dat elke microservice in een andere programmeertaal geschreven wordt. Dit biedt de mogelijkheid om de geschikte taal en tool voor de geschikte job te kiezen, en het biedt ook de mogelijkheid om selectief ontwikkelaars uit een grotere pool te vissen.
- Herbruikbaarheid. Amazon heeft dit gedaan met haar AWS (Amazon Web Services; dit is een van de grootste en meest uitgebreide *public cloud* platformen ter wereld). Bij Amazon is de IT-infrastructuur en services in delen opgeknipt, waardoor het mogelijk werd om deze delen ook als diensten aan te bieden voor externe klanten. Daardoor kon zowel de hardware als de software hergebruikt worden. Niet iedereen is zo groot als Amazon, maar de services kunnen in elk geval voor meerdere interne doeleinden gebruikt worden.

Door de hiervoor genoemde aanbevelingen te volgen, is het mogelijk om een staat te bereiken waarin de aanpassing van een van de services onafhankelijk van andere en door een toegewijd team kan worden gedaan. Door te werken met elk van de services afzonderlijk, en met het IT-systeem als geheel, wordt het mogelijk om alle basisbeginselen van DevOps te volgen: de waardestroom, de deployment pijplijn, alles in het versiebeheersysteem houden, geautomatiseerd configuratiebeheer en de Definition of Done. Releasekalenders en bijbehorende maandenlange wachttijden zijn niet langer vereist en het proces voor wijzigingsbeheer kan aanzienlijk worden vereenvoudigd.

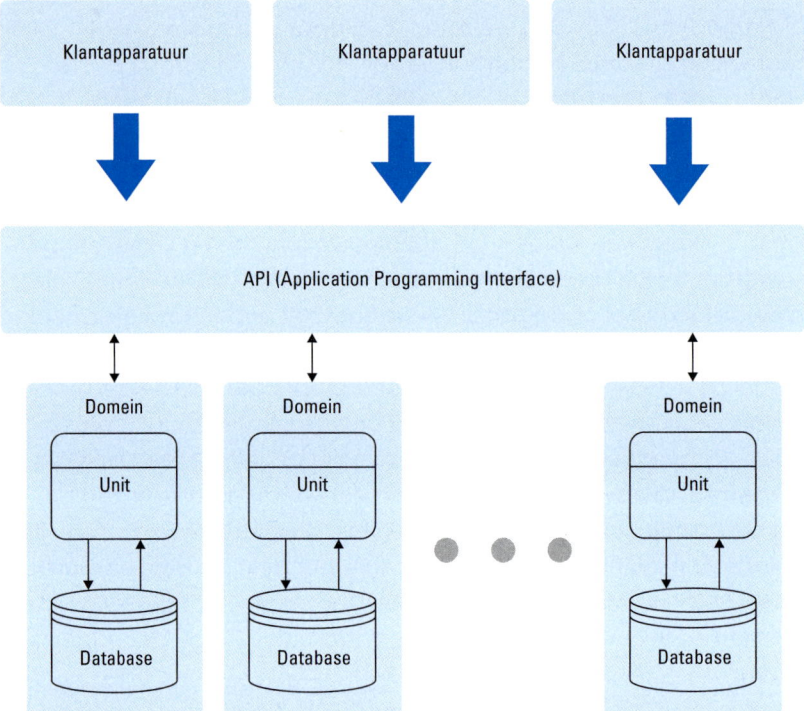

Figuur 5.4 Voorbeeld van een microservice-architectuur van een eenvoudig IT-systeem (niet alle domeinen worden getoond)

Overgaan naar een zich ontwikkelende architectuur biedt een andere grote kans bij voortdurend nieuwe bedrijfsvereisten en voor het kunnen naleven van opkomende technologische nieuwigheden. Een team dat verantwoordelijk is voor domein A, kan bijvoorbeeld een nieuwe versie van de functionaliteit voorbereiden zonder de huidige versie uit te schakelen. Service B, die de oude versie van service A gebruikt, blijft dit doen zonder kwaliteitsverlies. Tegelijkertijd heeft service C, ontworpen voor een nieuwe versie van service A, toegang tot nieuwe functionaliteit. Geleidelijk zal de hele applicatie worden bijgewerkt om te werken met de verbeterde versie van domein A, en dan kan de vorige versie worden uitgeschakeld. En er hoeft niet te worden gewacht tot alle componenten gereed zijn voor een grootschalige nachtelijke migratie. Precies op dezelfde manier, onafhankelijk van andere teams en domeinen, kan men refactoring van individuele services uitvoeren, waardoor de geaccumuleerde technical debt wordt verminderd.

Zeker, microservice-architectuur brengt een aantal uitdagingen met zich mee. Domeinallocatie vereist serieuze studie en kan moeilijk voor eens en voor altijd worden uitgevoerd: de servicestructuur van het systeem moet voortdurend worden herzien en bijgewerkt. Het is noodzakelijk om duidelijke regels te volgen voor het definiëren en documenteren van interfaces en versies. Het waarborgen van de integriteit van de gegevensverwijzingen verschuift aanzienlijk: van het niveau van het databasemanagementsysteem naar het domeinniveau. Het is noodzakelijk om elk van de services in de gaten te houden: niet alleen voor de bediening, maar ook voor het volgen van het gebruik ervan.

Met microservice-architecturen kan een geïsoleerde werkruimte voor een service worden georganiseerd zonder toewijzing van een speciale virtuele machine. Alle bewerkingen voor het maken en beheren van de containers zijn op software gebaseerd, inclusief dynamische toevoeging van capaciteit naarmate de vraag toeneemt en dezelfde automatische vrijgave wanneer deze afneemt.

Voor de meeste organisaties is overgang naar microservices echter verre van eenvoudig. Sommige bedrijven wijzen geld toe en lanceren grote projecten gericht op het herschrijven van bestaande informatiesystemen voor de nieuwe architectuur. Dergelijke projecten duren maanden en jaren, en blijven in de regel zonder succes, waarvoor meestal twee redenen zijn. Ten eerste is de omvang van de transformaties zo groot dat het onmogelijk is om het werk binnen een redelijke tijd af te maken, zelfs als alle andere initiatieven bevroren zijn. Ten tweede blijft het systeem, samen met de nieuwe ontwikkeling, evolueren in antwoord op zakelijke behoeften, wat meer problemen oplevert bij de synchronisatie van de systeemfunctionaliteit.

In plaats van een groot project te lanceren met weinig kans op succes (en zeker geen quick wins), adviseren deskundigen[7] om de architectuurupgrade te beheren als een continue activiteit, en deze te behandelen als onderdeel van het reguliere ontwikkelingswerk. Samen met het verwerken van het volgende verzoek vanuit de business is het dan mogelijk om een deel van het bestaande systeem toe te wijzen aan een afzonderlijk domein dat wordt ondersteund door de noodzakelijke omgeving: een programma-interface voor interactie met het hoofdsysteem, een reeks tests en een deployment pijplijn. Geleidelijk aan, stap voor stap, zullen individuele delen van het monolithische systeem worden geïmplementeerd in de microservice-architectuur, met businessvereisten als belangrijkste aanjager van veranderingen.

■ 5.4 DEVOPS EN ITSM

Mythe: DevOps is niet compatibel met ITIL®

DevOps-werkwijzen kunnen compatibel worden gemaakt met ITIL®-processen. Om echter de kortere doorlooptijden en hogere deploymentfrequenties behorende bij DevOps te ondersteunen, moeten veel gebieden van de ITIL®-

---

7   Humble, J., J. Molesky, B. O'Reilly, Lean Enterprise: How High Performance Organizations Innovate at Scale, 2015, ISBN 978-1449368425

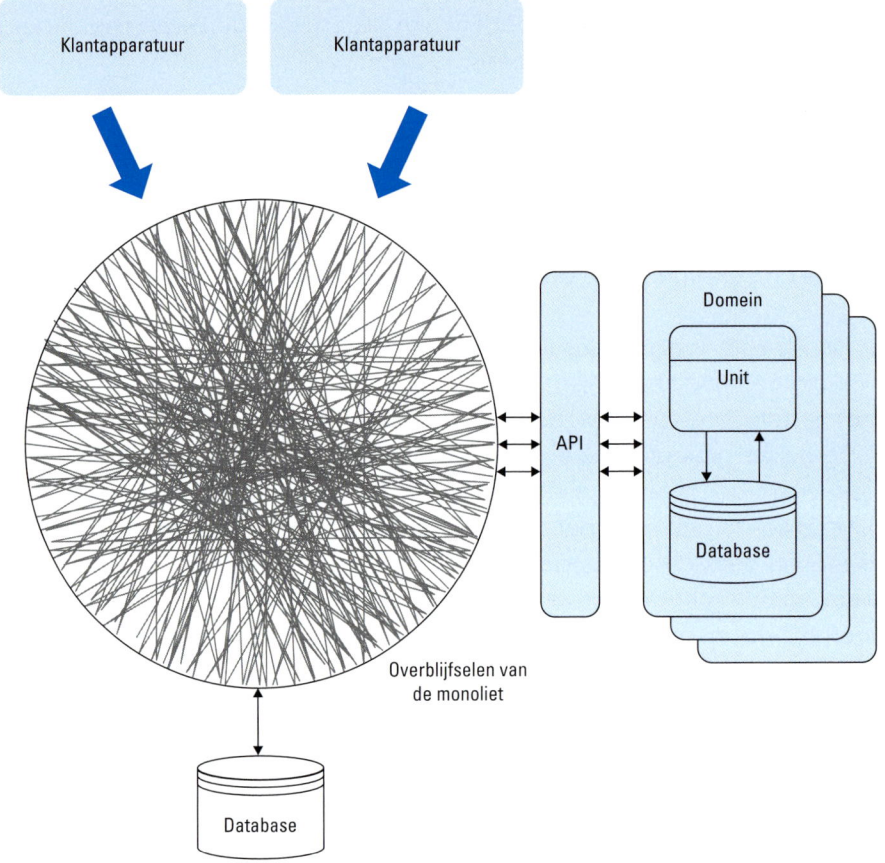

Figuur 5.5 Geleidelijke overgang naar microservice-architectuur voor een bestaand applicatiesysteem

processen volledig worden geautomatiseerd, waarmee veel problemen in verband met de configuratie- en releasebeheerprocessen worden opgelost. En omdat DevOps snelle detectie en herstel vereist wanneer zich service-incidenten voordoen, blijven de ITIL®-disciplines van serviceontwerp, incident- en problem management relevant.

The DevOps Handbook[8]

In de afgelopen twintig jaar hebben veel bedrijven miljoenen ponden, dollars en euro's geïnvesteerd in ITIL®. De uitgaven zijn gerechtvaardigd: organisaties zoeken naar oplossingen voor managementproblemen in verband met informatietechnologie en hebben moeite om de effectiviteit van IT-afdelingen te verbeteren. Op het gebied van IT-management en businessmanagement zijn kennisgebieden als

---

8   Kim, G., J. Humble, P. Debois, J. Willis, The DevOps Handbook: How to Create Worldclass Agility, Reliability and Security in Technology Organizations, 2016, ISBN 978-1942788003

ITIL® en COBIT algemeen erkende industriestandaarden. Hoewel het niet helemaal correct is om de term 'standaard' hier te gebruiken. De term 'best practice' past hier beter.

In hoofdstuk 3 en 4 werden echter een aantal principes en cases geschetst die een conventionele, traditionele IT-afdeling niet gemakkelijk kan accepteren; de nieuwe werkwijzen zijn te ver weg van die welke worden gebruikt in de overgrote meerderheid van grote bedrijven. Kan dit een probleem zijn?

DevOps-experts geloven dat er geen fundamentele problemen zijn. Het citaat uit *The DevOps Handbook* aan het begin van dit hoofdstuk is daarvan een typisch voorbeeld. Sommige experts in IT-servicemanagement worden zelfs meer aangemoedigd door de nieuwe perspectieven en gaan voor de nieuwe religie. Hele presentaties en secties zijn gewijd aan DevOps en digitale transformatie, zoals te zien is op vele ITSM-conferenties in 2017. Het lijkt erop dat bijna alle experts unaniem geloven dat op ITIL® gebaseerde processen op de een of andere manier kunnen worden aangepast aan DevOps, terwijl ze de investeringen behouden. Het is echter niet zo eenvoudig.

Er is een fundamentele tegenspraak tussen DevOps-ideeën en die van ITSM, die moet worden opgelost. Een van de twee basisprincipes van IT-servicemanagement (samen met de procesmatige aanpak van het beheer van activiteiten) is het leveren van bedrijfswaarde uit IT in de vorm van services. Een integraal onderdeel van de serviceaanpak zijn de klant-leverancierrelaties: de eerste bepaalt wat en waarom iets nodig is, de tweede neemt (enkele) risico's en kosten in verband met de te leveren prestatie. Verwacht wordt dat deze relaties in detail zullen worden gedocumenteerd in een Service Level Agreement (SLA), met de verantwoordelijkheden van beide partijen. Als de klant niet tevreden is met de kwaliteit van de geleverde services, kan hij proberen de serviceprovider ertoe te brengen invloed uit te oefenen op de prestaties in relatie tot de ondertekende overeenkomst, of zelfs trachten van provider te veranderen. Evenzo, als de leverancier vaststelt dat de klant meer problemen veroorzaakt dan winst oplevert, kan hij de overeenkomst beëindigen en zich richten op andere klanten. Natuurlijk is de situatie niet zo eenvoudig voor providers met interne klanten, maar het basisprincipe blijft hetzelfde.

Maar DevOps is in belangrijke mate gebaseerd op het concept van een team dat IT en business omvat. Door samen te werken, zijn de teamleden meer gericht op langetermijndoelen dan op kortetermijndoelen, en zeker niet op het naleven van formele overeenkomsten. Samen lopen ze langs dezelfde weg, die alleen zichtbaar wordt als ze vooruitgaan. Ze zijn het erover eens dat ze in geval van mislukkingen niet naar schuldigen zullen zoeken, maar van hun eigen fouten zullen leren. In het extreme geval verdwijnt de grens tussen IT en de business helemaal, wat totaal anders is dan de zojuist beschreven 'wij en zij'-benadering.

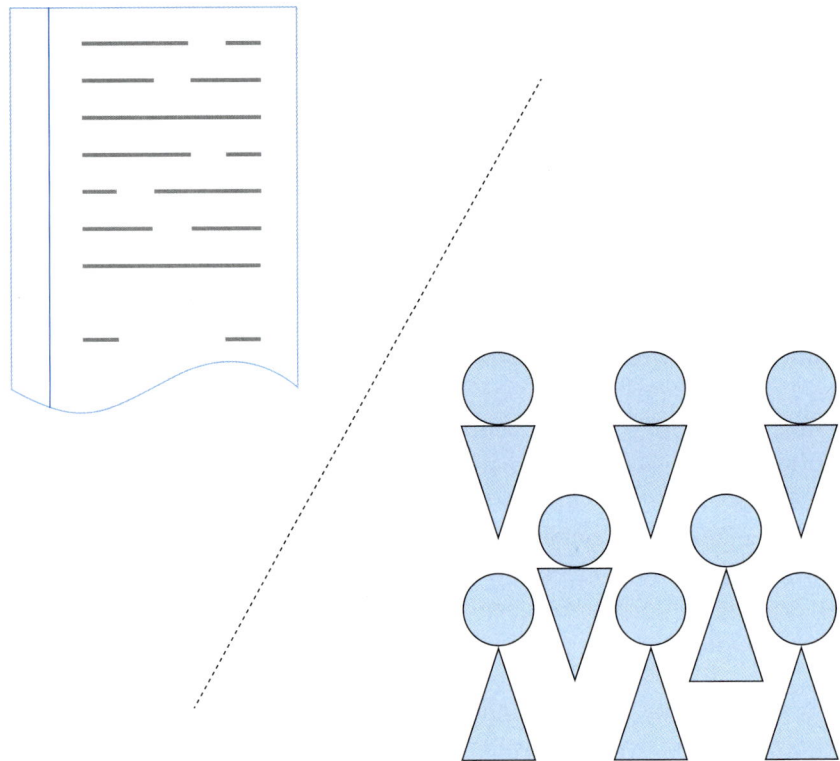

Figuur 5.6 De essentie van ITSM en de essentie van DevOps

Het antwoord op deze grote tegenstrijdigheid moet nog worden gevonden. Daarnaast er zijn ook enkele verschillen in relatief kleine dingen. Bijvoorbeeld:

■ Zoals hiervoor vermeld verschillen DevOps-werkwijzen in veel opzichten van de gebruikelijke werkwijzen van een traditionele IT-afdeling – en veel IT-managers zijn niet klaar om de nieuwe ideeën te accepteren.

■ Financiering in DevOps is op een compleet andere manier georganiseerd: fondsen worden toegewezen aan producten in plaats van aan projecten.

■ Al vele jaren werken bedrijven met de IT-afdeling volgens het principe van optimalisatie voor kosten; DevOps stelt voor over te schakelen naar optimalisatie voor snelheid.

■ Changemanagement volgens ITIL® is gericht op het mitigeren van de risico's. Dit wordt bereikt door een relatief langzaam en strikt geformaliseerd proces met veel controles, meldingen, overeenkomsten en goedkeuringen. Wijzigingen volgens DevOps moeten zo snel mogelijk worden gemaakt, met de juiste geautomatiseerde tests en vastgestelde gegevens in logbestanden.

■ Configuratiemanagement en de configuratiedatabase (CMDB) zoals beschreven in ITIL® zijn in het echte leven moeilijk te vinden vanwege de excessieve bewerkelijkheid en overvloed aan handmatige bewerkingen die nodig zijn om configuratiegegevens te verzamelen en bij te werken. Tegelijkertijd wordt configuratiemanagement in DevOps in belangrijke mate automatisch en verplicht uitgevoerd, zodat de eigenlijke term 'configuratie' een nieuwe betekenis krijgt.

- Het concept van releases verandert van 'een release is een complex geheel van wijzigingen die gelijktijdig worden voorbereid, getest en uitgevoerd' naar 'nieuwe functionaliteit die snel beschikbaar is voor klanten'.
- Incidentbeheeractiviteiten, waaronder scheiding van supportlijnen (eerstelijnssupport, tweedelijnssupport, enzovoort) en functionele escalatie, worden vervangen door een ander principe: u bouwt het, u draait het.
- Problem management (omgaan met grondoorzaken van incidenten) is niet meer relevant: het is al moeilijk om het in ITSM te organiseren en het is niet nodig in DevOps.
- Capaciteitsmanagement is in hoge mate gebaseerd op een capaciteitsplan dat alle vraag naar IT-middelen zou moeten dekken, en is gekoppeld aan de budgetteringscyclus van het bedrijf, die meestal een jaar omvat. In DevOps moet de capaciteit beschikbaar zijn op het moment dat deze vereist is, zonder vertraging bij het vinden van een leverancier, het ondertekenen van een contract, het wachten op de levering, enzovoort.

En zo zijn er nog wel meer verschillen. Het blijkt dat waar men ook kijkt, ITIL®-aanbevelingen verschillen van de ideeën en werkwijzen van DevOps. Misschien zijn deze discrepanties onbeduidend en is alleen een lichte aanpassing van bestaande ITSM-processen nodig, maar een scenario waarin ITIL®-processen onherkenbaar worden veranderd is waarschijnlijker.

Ook de ontwikkelingen binnen ITIL® staan niet stil. In 2019 heeft Axelos ITIL®4 gelanceerd, waarbij als eerste de naamgeving opvalt: niet v4, maar simpelweg 4. Dit is een verwijzing naar de vierde industriële revolutie: de ontwikkeling van onder andere kunstmatige intelligentie, *internet of things*, kwantum computing, enzovoort. De nadruk ligt op servicemanagement (dus niet meer specifiek IT-servicemanagement) en op hoe de verschillende componenten en activiteiten van de organisatie samenwerken om waardecreatie door IT-services mogelijk te maken. De ITIL®4-basis wordt gevormd door het Service Value System (SVS) en het vierdimensionale model (*four dimensions model*) van waaruit elk onderdeel van het SVS overwogen dient te worden. De kerncomponenten van het SVS zijn de service waardeketen (de *service value chain*), de werkwijzen (*practices*), de leidende principes (*guiding principles*), besturing (*governance*) en continue verbetering (*continual improvement*). Een belangrijke constatering is dat de nadruk niet langer meer primair op de processen ligt, maar op practices; de werkwijzen en de toepassing hiervan. De wijze van toepassing en implementatie van IT-services wordt overgelaten aan de teams, volgens de principes van Lean, Agile en DevOps.

■ 5.5 CARGOCULTUS

Veel teams die nieuwe managementwerkwijzen willen leren beheersen, besteden niet de nodige aandacht aan het managen, maar richten zich alleen op de praktijk. Iteratieve ontwikkeling is nu in de mode? Oké, we zullen tweeweekse Sprints regelen. Iedereen in de buurt houdt dagelijks een Scrum? Uitstekend, doen we ook. Ze zeggen dat Kanban borden zinvol zijn? Goed, we krijgen een Kanban bord. Een DevOps-pijplijn kan niet werken zonder automatisering? Welnu, we zullen de jongens vragen sommige systemen te selecteren en te implementeren. Enzovoort.

Dit gedrag, waarbij de nadruk verschuift naar rituelen in plaats van doelen, betekenissen en principes, wordt de 'cargocultus' genoemd. Het concept werd voor het eerst toegepast in 1945 in een gebied dat niets te maken heeft met informatietechnologie: antropologie. Wetenschappers die de gebruiken en tradities van Papoea-Nieuw-Guinea bestudeerden, identificeerden en beschreven het fenomeen dat volgens Aboriginals de beschikbaarheid van materieel en spiritueel heil afhangt van de wil van geesten en goden. Om dergelijke voordelen te verkrijgen, moet men in de regel bepaalde acties en rituelen uitvoeren, onder leiding van een sjamaan of een oudere. Oudere voorbeelden en bevestigingen van de cargocultus werden ontdekt; de oudste werd gedocumenteerd in 1885 op de Fiji-eilanden. Incidentele uitingen van de cultus zijn tot nu toe in sommige delen van Oceanië bewaard gebleven.

Het opvallendste en bekendste voorbeeld van de cargocultus zijn gebeurtenissen op de eilanden Melanesië tijdens en onmiddellijk na de Tweede Wereldoorlog. Deze eilanden waren strategisch belangrijk voor gevechtsoperaties. Eerst landde de Japanse luchtmacht op de eilanden, met ongekende goederen, kleding, medicijnen, voedsel, wapens, enzovoort. Toen kwamen de eilanden onder controle van de anti-Hitlercoalitie. Op de een of andere manier heeft de plaatselijke bevolking het uiterlijk van bruikbare goederen die nooit lokaal geproduceerd konden worden verbonden met witte mensen die uit de lucht kwamen. Kort na het einde van de oorlog verloren de eilanden hun belang, werden militaire bases ingeperkt en verlieten de vreemdelingen het grondgebied. Op zoek naar een manier om de goederenstroom te herstellen, hebben de inboorlingen zich beziggehouden met de meest accurate reproductie van al die omstandigheden waaronder de schat vroeger letterlijk uit de hemel kwam. Ze begonnen zichzelf in de kleuren van het Amerikaanse leger te versieren, militaire marsen te maken op de paradegrond, geweren van bamboe te produceren en alle andere uiterlijke kenmerken van het recente verleden te kopiëren. Ze bouwden gebouwen die commandoposten van vliegvelden voor moesten stellen, inclusief interieuruitrusting en antennes – allemaal gemaakt van bamboe. Extra terreinen in de jungle werden vrijgemaakt om meer 'vliegvelden' te creëren; ze hadden redelijk nauwkeurige (houten) kopieën van vliegtuigen. Natuurlijk hebben al deze acties niet geleid tot de terugkeer van buitenlanders, of tot het ontvangen van nieuwe goederen. Dit soort 'bijgeloof' wordt 'cargocultus' genoemd.

Figuur 5.7 Een moderne bamboecomputer die virtualisatie mogelijk maakt

Elke opgeleide persoon begrijpt dat dit verhaal niet anders kon eindigen – het is niet voldoende om de activiteiten van iemand anders te kopiëren om dezelfde producten te krijgen. Wat echter duidelijk is in het voorbeeld met de Aboriginals, wordt vaak volledig vergeten in dagelijkse zakelijke situaties. Onbegrijpelijk kopiëren van Agile softwareontwikkelingsrituelen in de hoop de introductie van producten te versnellen, is vaker te vinden in de praktijk van verschillende bedrijven dan zou moeten. Opvallend is dat het fenomeen cargocultus net zo vaak voorkomt in IT-servicemanagement als in DevOps. Helaas is er nog niet genoeg informatie om te analyseren met welke regelmaat het voorkomt.

■ 5.6   BEGIN WAAR U STAAT, BOEK ITERATIEF VOORUITGANG

– Wat zou u IT-managers aanraden om te doen met DevOps?
– Begin nu! Vandaag is de beste dag om te beginnen.

Interview met Gary Gruver, de manager die HP LaserJet Firmware Division voorgoed heeft gewijzigd, 2017.[9]

Vorige delen van het boek moesten een gevoel van schaalverandering creëren voor de lezer: het gebruik van DevOps impliceert nieuwe managementprincipes,

9   https://cleverics.ru/subject-field/interviews/723-gary-gruver-interview-on-devops

nieuwe benaderingen voor het omgaan met informatietechnologie. Velen weten uit eigen ervaring dat grote transformaties nooit gemakkelijk zijn. Zelfs wanneer ze weten dat IT-infrastructuur moeilijk te beheren is, blijven bedrijfsmanagers onge-makkelijke vragen stellen over de time-to-market, en wordt er constante druk vanuit alle richtingen ervaren; proberen managers nog steeds hun best te doen vanuit hun comfortzone, waar de zaken min of meer duidelijk en voorspelbaar zijn, zij het niet zo mooi als ze zouden willen. De schaal van grote veranderingen zou u niet moeten verwarren en laten stoppen: het is niet 'alles of niets'.

Als u zich in de situatie bevindt die wordt beschreven in paragraaf 5.1, dan is er echt geen reden om te wachten. De DevOps-beweging staat aan het begin van haar reis. Natuurlijk zijn er nog steeds veel open vragen, vooral op het gebied van corporate informatietechnologieën. Is het de moeite waard om te wachten tot alle antwoorden gevonden zijn en dan te beginnen? In geen geval! Zoals beschreven aan het begin van het boek: de pioniers volgen misschien niet de beste route, maar ze accumuleren wel hun eigen ervaring, en dat stelt hen in staat om sneller vooruit te komen dan degenen achter hen. Momenteel zijn er zo veel publicaties, eveﾞne-menten en evangelisten in de DevOps-ruimte dat een informatievacuüm gewoon-weg onmogelijk is. Integendeel, het uitfilteren van de ruis uit de informatie wordt steeds belangrijker. Wat wordt gepubliceerd komt niet noodzakelijk overeen met de werkelijkheid, een marketinghype verbergt echte problemen en mislukkingen, en iedereen kan tegenwoordig plotseling een expert worden. Daarom is het belang-rijker dan ooit dat men zich een eigen mening over het onderwerp vormt, eigen vragen stelt en zelf antwoorden vindt.

Net als bij IT-servicemanagement is de meest gemaakte fout de poging om DevOps te implementeren. Natuurlijk kan men DevOps niet 'implementeren', deze zin heeft niet meer betekenis dan 'een gezond dieet implementeren' of 'een hamer imple-menteren'. DevOps kan worden gebruikt, net als elk ander managementinstrument, om specifieke problemen van de organisatie op te lossen. DevOps is geen software-product dat kan worden geïnstalleerd en gestart, noch een consultant of engineer die kan worden ingehuurd om de nieuwe werkwijze naar de IT te brengen en direct te gebruiken. In veel opzichten vereist DevOps culturele en organisatorische veran-deringen en deze veranderingen zijn niet beperkt tot de IT-afdeling.

Businessunits zullen ook moeten veranderen, op precies dezelfde sleutelgebieden als de IT-afdeling: organisatorisch, cultureel en instrumenteel. Het is naïef om te geloven dat een IT-afdeling die de nieuwe principes volgt, op de oude manier kan omgaan met de businessunits. Integendeel, *DevOps impliceert dat niet alleen de grens tussen ontwikkeling en exploitatie moet verdwijnen, maar ook tussen IT en business.* Als deze streefdoelen nog ver weg zijn, zijn op z'n minst wel nieuwe manie-ren van interactie en nieuwe financieringsprincipes voor IT vereist. Zulke veranderin-gen zijn onmogelijk zonder krachtige en onvoorwaardelijke steun op het hoogste organisatieniveau (managementcommitment). Dus 'je hebt mijn volledige steun, afgezien van tijd, geld, moeite en zolang ik er niet bij betrokken hoef te zijn' is zeker geen optie.

Het toepassen van DevOps mag in geen geval als een project worden benaderd. Projectaanpak impliceert het verkrijgen van een uniek resultaat binnen een beperkte tijdsspanne met een specifiek budget, terwijl DevOps een lang spel spelen betekent, van vandaag tot in de eeuwigheid. Daarom is een DevOps-implementatieproject een betekenisloze woordcombinatie.

Het is noodzakelijk om het personeel te blijven trainen. Niet te 'trainen', maar te 'blijven trainen'. Bovendien is het noodzakelijk om een effectieve omgeving te creëren voor het delen van kennis en geleerde lessen. Deze mechanismen moeten voortdurend worden getest. Degenen die zijn gevestigd in het bedrijf en actief worden ingezet door specialisten, moeten de mogelijkheid krijgen zich verder te ontwikkelen. Degenen die niet meewerken, moeten worden verwijderd en vervangen door nieuwe medewerkers. Onbalans (bijvoorbeeld in verband met technische studies van de deployment pijplijn) moet worden voorkomen. Het is gemakkelijk om door de bomen het bos niet te zien; een pijplijn die in slechts één onderdeel van een organisatie is gebouwd, biedt niet de verwachte voordelen. We moeten aandacht besteden aan onderzoek naar de DevOps-principes en -filosofie, en een nieuwe bedrijfscultuur en vorm van IT-management creëren.

Net als bij andere organisatorische veranderingen zullen mensen op verschillende manieren reageren: sommigen zullen veranderingen verwelkomen en extra inspanningen leveren, sommigen zullen neutraal of achterdochtig zijn, en anderen zullen zich actief verzetten of saboteren. In dit opzicht verschilt DevOps niet van andere organisatorische veranderingen, en daarover hebben managers voldoende technieken verzameld.

Een normale aanpak in organisaties met een oude IT-infrastructuur is om systemen te identificeren die losjes verbonden zijn met andere (dit zijn meestal moderne digitale applicaties). Gebruik deze systemen als een pilot: ze zijn meestal eenvoudiger aan te passen aan de basis DevOps-elementen, waaronder waardestroom, deployment pijplijn, versiebeheersysteem, geautomatiseerd configuratiebeheer, enzovoort. Deze ervaring kan vervolgens worden toegepast op andere systemen, maar verwacht niet dat dit eenvoudig is. Helaas zijn alle IT-systemen op hun eigen manier bijzonder, evenals IT-teams en businessunits. Desalniettemin, wie begint met eenvoudigere zaken kan daarna verdergaan met meer vertrouwen.

Het is gemakkelijk om aan uzelf en anderen uit te leggen waarom u niet iets nieuws zou moeten aanpakken, of waarom nieuwe werkwijzen niet zullen werken en geen wortel zullen schieten. Dit is een bekende cognitieve valstrik die alleen kan worden omzeild door in actie te komen.

> Kelsey Hightower, staff developer advocate bij Google Cloud Platform, zegt heel stellig:[10]
>
> 'Er valt niets te ontdekken op dat domein. Voor mij zijn dat *table stakes* (een term uit het pokerspel). Continue integratie/continue levering, DevOps; we moeten praten, luisteren, het uitzoeken, of gaan samenwerken met een ander team buiten dit bedrijf om erachter te komen.'

■ 5.7 WAARDESTROOM ALS DE KERN

Stel dat in een organisatie een klein en goed gecontroleerd pilotgebied is gedefini-eerd. Er is een plan gemaakt om de manier waarop IT wordt uitgevoerd en beheerd in dit gebied te veranderen, om zo meer voordelen te behalen door sneller nieuwe producten uit te brengen, zakelijke ideeën sneller te testen, kwetsbaarheden uit te bannen en om zo technical debt te beheersen. Wat moet er dan precies als eerste gebeuren?

Degenen die dit al hebben meegemaakt, adviseren om met het team te beginnen. Hoe dichter het bij de ongebruikelijke teams komt zoals beschreven in paragraaf 4.2, hoe groter de kans is op succes.

Dan moet de 'as-is' waardestroom (value stream) in kaart worden gebracht. Deze oefening zal helpen om een gemeenschappelijk, gedeeld begrip van het huidige proces te creëren en vervolgens de knelpunten ervan te identificeren en te zoeken naar verspilling. Zelfs voordat begonnen wordt met de volgende stap, kan men al proberen de werkstroom te wijzigen met als doel minder verspilling te krijgen. Het is ook mogelijk om een lijst op te stellen met hypothesen over gebieden, vertragingen en acties die maximale verspilling veroorzaken. Deze lijst zal later van pas komen als basis voor toekomstige verbeteringen.

Nu is het tijd om verder te gaan met het opbouwen van de deployment pijplijn voor het deel van de stroom dat kan worden geautomatiseerd. Het is niet nodig om de totale automatisering vanaf de eerste dag te plannen; een basispijplijn die ten minste assemblage en de eerste tests uitvoert, is voldoende om mee te beginnen. De eerste ervaring met het gebruik van de pijplijn toont de richting voor verdere

---

10 http://www.zdnet.com/article/time-to-move-on-from-devops-and-continuous-delivery-says-google-executive

ontwikkeling. De resources zijn over het algemeen beperkt; het is daarom beter niet meteen op grote schaal doelen te stellen en te streven naar een onbereikbaar ideaal.

Het is veel belangrijker om metingen van de belangrijkste indicatoren in de waardestroom mogelijk te maken. Voor elke fase van de stream kan veel worden bedacht, maar het aantal meetwaarden maximaliseren is geen doel. In eerste instantie gaat het om het beheren van de drie belangrijkste: doorlooptijd, verwerkingstijd en het percentage van het uitgevoerde werk zonder fouten. Constante monitoring van deze sleutelindicatoren zal gebieden aangeven waar verbeteringen het meest significante effect zullen hebben.

Nadat de gebieden voor verbetering zijn ontdekt en begrepen, is het mogelijk om de 'to-be' versie van de stream te ontwikkelen en een lijst met vereiste wijzigingen voor te bereiden. Werkverbeteringen moeten niet als eenmalige gebeurtenissen worden behandeld, maar als permanent werk: het zou een gangbare praktijk moeten worden om regelmatig, actief en methodisch naar verspilling te zoeken en die te elimineren. Dit is een dagelijkse taak van iedereen in het team.

Om knelpunten te verwijderen en verspilling te minimaliseren, kan men die tools uit het arsenaal van DevOps, Lean productie en Agile softwareontwikkeling selecteren die de taak het best zullen dienen. Het gedrag van de mensen wordt dus niet bepaald door werkwijzen uit het boek; het is de analyse van de waardestroom waaruit de doelen volgen en die helpt bij het selecteren van de geschiktste tools en werkwijzen.

Vervolgens wordt de cyclus beëindigd: na het implementeren van de geplande wijzigingen is het noodzakelijk om te onderzoeken of de verwachte verbeteringen zijn gerealiseerd, wat de waarden van de kernindicatoren zijn, waar het volgende knelpunt zit en wat kan worden gedaan om dat te verwijderen. Zoals vaak is gezegd is het belangrijkste om op deze weg te komen en die te volgen, en hij heeft geen eindpunt.

Sommige teams geven, wanneer dat al in een vroeg stadium ontwikkeld is, een voorbeeld van het doel, de laatste 'to-be' status van de stroom, waarna de systematische en geleidelijke beweging naar die gewenste toestand begint. Deze manier lijkt ingewikkelder en riskanter, omdat de kans op fouten in een vroeg stadium groter is. Bovendien is het misschien niet nodig om vanaf het begin de definitieve toestand te definiëren; met de definitie ervan kan voortdurend worden geëxperimenteerd.

Zodra een waardestroom in het pilotgebied is gebouwd, is de volgende logische stap om de ervaring en werkwijzen uit te breiden naar andere gebieden. Deze aanpak is mogelijk, maar de interessantste en meest complexe taken beginnen wanneer verschillende DevOps-teams die afzonderlijk werken, gecombineerd moeten worden tot iets groters, of wanneer tientallen mensen betrokken zijn bij de DevOps-werkwijze van de organisatie. De kwestie van het opschalen van DevOps naar grote organisaties is echter een afzonderlijk en belangrijk kennisgebied dat verdergaat dan het bereik van dit boek.

■ 5.8 SAMENVATTING

Een onpartijdige beoordeling van een onderwerp vereist een objectieve weergave van zijn essentie, eigenschappen, voordelen en beperkingen. De minst wenselijke situatie is wanneer de lezer een vertekend beeld heeft van DevOps als het beste middel om alle problemen op te lossen waarmee een modern IT-management wordt geconfronteerd. Dit hoofdstuk over DevOps-toepassingen bleek onverwacht omvangrijk te zijn, terwijl de antwoorden op ongemakkelijke vragen over zaken als COTS, monolithische architectuur en serviceaanpak nog steeds niet voor de hand liggen.

Eén ding is echter duidelijk genoeg: het is aan de lezer om te bepalen of deze naar antwoorden op zoek is, of wacht tot iemand anders vertelt over de bij hem bereikte geweldige prestaties. 'Iemand anders' is hier het sleutelbegrip. Om eigen prestaties te bereiken, moet men handelen, niet wachten.

6 Conclusie

DevOps heeft zijn eigen oorsprong en voorwaarden voor zijn bestaan. Tegen 2010 ontwikkelden zich bepaalde omstandigheden die zowel een behoefte vormden als een mogelijkheid om de ontwikkeling en de werking van informatietechnologieën op een andere manier te beheren. Dit leidde tot de opkomst van de DevOps-beweging.

DevOps is geen remedie voor alle ziekten, zoals vaak door verschillende evangelisten wordt geroepen. In feite helpt het om drie urgente en complexe problemen op te lossen: kortere doorlooptijd (reduceren van de time-to-market), lagere technical debt en eliminatie van kwetsbaarheden van informatiesystemen. DevOps bouwt voort op een sterke basis van Lean productie en Agile softwareontwikkeling. Het is onjuist om te zeggen dat DevOps slechts het gebruik is van reeds bekende ideeën; integendeel, niet alleen breidt DevOps de genoemde basis uit, maar ook introduceert het een aantal belangrijke nieuwe principes.

Op basis van deze principes kan men werkwijzen zoeken, uitvinden en toepassen. Vele daarvan zijn misschien ongebruikelijk voor IT-afdelingen die op een traditionele manier werken, maar elke werkwijze is ontstaan om een goede reden en soms zit er een onpartijdige, bijna cynische analyse achter.

Een of twee jaar geleden konden we discussiëren over wat DevOps is en wat het niet is, wat het betekent, waarom dit alles nodig is en waaruit het bestaat. Het beeld is inmiddels (anno 2018) echter duidelijk geworden. Bedrijven die zich in de afgelopen vijf jaar hebben gevestigd, willen niet langer op een andere manier werken; DevOps is een natuurlijk onderdeel van de bedrijfscultuur voor hen, zelfs als het woord zelf niet elke minuut wordt geroepen en niet op de banner wordt geplaatst. Traditionele bedrijven met legacy IT-oplossingen, IT-processen en IT-mensen zijn beperkt in flexibiliteit, maar kijken actief naar het nieuwe modieuze onderwerp, nemen de eerste stappen, experimenteren, maken fouten en leren. Sommige van hen laten verbluffende prestaties zien, andere maken plannen en koesteren hoop. Het grootste aantal open vragen dat nog moet worden beantwoord is gerelateerd aan bedrijfsinformatietechnologieën. Als de technische problemen (zoals de deployment pijplijnimplementatie) min of meer duidelijk zijn, is het belangrijkste probleem: hoe krijgt men managementvoordelen van DevOps in traditionele bedrijven?

De komende jaren zullen het tijdperk van Enterprise DevOps zijn. Het worden interessante jaren; we hebben veel te leren.

> 'Neem altijd nieuwe uitdagingen aan, zelfs als je niet zeker weet of je er helemaal klaar voor bent.'
>
> Sheryl Sandberg, COO van Facebook.

Het is mogelijk dat de lezer na het sluiten van dit boek denkt: 'Nou, het is geen slecht boek, alles ziet er duidelijk uit, maar ik wist het allemaal eigenlijk al.' Dit zou het beste compliment voor de auteur zijn: mijn poging tot een gestructureerde, logische, overtuigende en zo mogelijk onpartijdige presentatie van een nogal moeilijk onderwerp heeft dan haar vruchten afgeworpen.

Bijlagen

■ BIJLAGE 1 TEST: DOET U DEVOPS?

Voor elk vastgesteld managementgebied verschijnt in de loop van de tijd een soort van meting, vaak een 'volwassenheidsmeting' genoemd. Volgens vooraf gedefinieerde criteria kunnen organisaties aan de hand van diagnostische tests of audits aantonen aan welke criteria ze voldoen. De criteria zijn doorgaans vastgelegd in een schaalverdeling naar volwassenheidsniveaus. Naar aanleiding van de resultaten van de tests kunnen zij zien in welke mate zij welke aspecten van het beheer goed of slecht uitvoeren en wat zij zouden moeten doen om op een hoger volwassenheidsniveau uit te komen. Meestal doen consultants van gespecialiseerde bureaus dit soort metingen door kostbare beoordelingen, diagnostische tests of audits uit te voeren. Het is grappig dat de consultants hun (ongelukkige) klanten aanbevelingen geven zoals 'de volwassenheid van alle processen verbeteren, in elk geval tot niveau 3 van vijf'. In tegenstelling tot deze praktijk zijn sommige andere experts van mening dat volwassenheidsmodellen over het algemeen weinig nut hebben. Ze beantwoorden op zijn best de vraag 'waar zijn we nu?' Maar nooit 'waar zouden we moeten zijn?', en daarom leveren ze geen waardevolle informatie voor de besluitvorming.

Desondanks willen veel mensen echt weten of zij hun werk goed doen. Werken we beter dan anderen? Wat zouden de goeroes zeggen? Lopen we achter op anderen of lopen we in? Gelukkig is er nog geen algemeen geaccepteerd volwassenheidsmodel voor DevOps verschenen. Maar om toch aan deze vraag te voldoen, hebben we de volgende bijna nietszeggende test ontwikkeld. Deze is bedoeld om te laten zien hoe dicht uw IT-organisatie bij de ideale DevOps-status is.

Beantwoord alle vragen eerlijk door een van de opties te kiezen en tel dan uw punten op.

1. We meten regelmatig de doorlooptijd, de verwerkingstijd en het percentage uitgevoerde werkzaamheden zonder fouten (%C/A):
   a. voor alle wijzigingen – 5 punten
   b. van tijd tot tijd – 3 punten
   c. dit wordt niet gemeten, maar we meten een heleboel andere dingen – 1 punt
   d. alle metingen zijn slecht en provocerend – 0 punten

2. Onze doorlooptijd is gemiddeld:
   a. meerdere uren – 5 punten
   b. meerdere dagen – 3 punten
   c. meerdere weken – 1 punt
   d. meerdere maanden – 0 punten

3. De frequentie van releases naar de productieomgeving is:
   a. meerdere keren per dag – 5 punten
   b. meerdere keren per week – 3 punten
   c. meerdere keren per maand – 1 punt
   d. we plannen releases op kwartaalbasis (of langer) – 0 punten

4. We releasen:
   a. we geven zelf geen releases vrij, onze business doet het – 5 punten
   b. zo vaak als de business wenst – 3 punten
   c. meestal zelden, maar urgente releases zijn mogelijk – 1 punt
   d. in overeenstemming met het releasebeleid, wanneer er voldoende wijzigingen zijn – 0 punten

5. Wanneer we wijzigingen in de productieomgeving introduceren, is de downtime:
   a. er is geen downtime – 5 punten
   b. enkele minuten – 3 punten
   c. enkele uren – 1 punt
   d. we hebben een tijd afgesproken met de business om de systemen voor de implementatie van wijzigingen stil te leggen – 0 punten

6. We brengen bij deployen schade toe in de productieomgeving:
   a. niet van toepassing; deployen wordt constant gedaan door speciaal ontworpen scripts en systemen – 5 punten
   b. bij testen en deployen – 3 punten
   c. bijna elke dag, wanneer we ons gebruikelijke werk doen – 1 punt
   d. is niet mogelijk, alles is stabiel – 0 punten

7. We alloceren tijd voor verbeteringen en innovaties:
   a. tot 20% van onze werktijd – 5 punten
   b. niet regelmatig, maar we proberen het – 3 punten
   c. we worden beter terwijl we ons gebruikelijke werk doen – 1 punt
   d. we worden verbeterd door speciale mensen – 0 punten

8. Onze bedrijfsexperimenten op gebruikerswerkzaamheden gebeuren:
   a. elke dag – 5 punten
   b. van tijd tot tijd – 3 punten
   c. wanneer de IT-afdeling het toelaat – 1 punt
   d. we hoeven niet te experimenteren omdat onze analisten sowieso alles over
      de gebruikers weten – 0 punten

9. Onze deployment pijplijn:
   a. werkt volledig automatisch – 5 punten
   b. heeft verschillende handmatige stappen – 3 punten
   c. we hebben geen pijplijn – 1 punt
   d. het is onmogelijk om een pijplijn te hebben in onze omstandigheden –
      0 punten

10. We prioriteren taken in de waardestroom (value stream):
    a. gebaseerd op de kosten van vertraging – 5 punten
    b. op basis van de voordelen, middelen en urgentie – 3 punten
    c. we spelen Planning Poker – 1 punt
    d. we geven geen prioriteit, dit wordt voor ons gedaan – 0 punten

11. We leveren een minimaal haalbaar product (minimum viable product, MVP) om:
    a. de meest complete informatie te verkrijgen voor het nemen van beslissingen
       met minimale middelen – 5 punten
    b. te begrijpen of het de moeite waard is om verder te gaan – 3 punten
    c. onze bètaversie aan de betrokken partijen te tonen – 1 punt
    d. wij leveren geen MVP – 0 punten

12. We presenteren de uptime-informatie van het systeem:
    a. op speciale gratis beschikbare webpagina's – 5 punten
    b. in rapporten aan individuele klanten – 3 punten
    c. in het monitoringsysteem – 1 punt
    d. we presenteren het niet – 0 punten

13. We repareren incidenten in de productieomgeving:
    a. door snel een deel van de infrastructuur opnieuw te maken – 5 punten
    b. door niet-succesvolle wijzigingen terug te draaien – 3 punten
    c. via het incidentbeheerproces – 1 punt
    d. door opnieuw op te starten – 0 punten

14. Onze waardestroom:
    a. wordt gevisualiseerd in een staat van 'as-is' en ontworpen voor 'to-be' – 5 punten
    b. zit in ons geheugen – 3 punten
    c. wordt op de muur getekend in het kantoor van de manager – 1 punt
    d. wij (de IT-afdeling) zijn de waarde – 0 punten

15. We werken onze IT-infrastructuur bij:
    a. alleen door middel van de scripts die zijn opgeslagen in het versiebeheersysteem – 5 punten
    b. door middel van de scripts ontwikkeld door de beheerders voor zichzelf – 3 punten
    c. handmatig door de beheerders – 1 punt
    d. handmatig door de DevOps-ingenieurs – 0 punten

Er zijn 15 vragen in de test; daarom is de maximaal mogelijke score 75.

- Als u tot 44 punten hebt gescoord hebt u uitstekende vooruitzichten en kunt u zich verder ontwikkelen, met nieuwe kansen op de arbeidsmarkt.
- Als u tussen 45 en 74 punten hebt gescoord bent u op de goede weg, DevOps is dichtbij!
- Als u 75 punten hebt gescoord, neem dan onmiddellijk contact op met de auteur van het boek, hij heeft enkele vragen voor u.

■ BIJLAGE 2 AANBEVOLEN LITERATUUR

Het blijkt dat er niets bijzonders te lezen is in de honderden boeken die tot 2018 over DevOps zijn gepubliceerd. Veel publicaties bevatten een zeer oppervlakkige kijk op het onderwerp. Andere richten zich op aspecten van het fenomeen die niet de gehele breedte bestrijken en geen samenhangend beeld creëren. Een groot aantal zeer interessante boeken bevat informatie over aanverwante zaken, die DevOps slechts indirect raken. Bovendien hebben helaas veel boeken een opmerkelijk vrij bescheiden verhouding in de hoeveelheid nuttige informatie per aantal pagina's.

Niettemin zouden we voor het verkrijgen van een diepere kennis van DevOps naast de eerdergenoemde publicaties, op de volgende willen wijzen:

1. Jez Humble, David Farley, Continuous Delivery: Reliable Software Releases through Build, Test and Deployment Automation, 2011, ISBN 978-0321601919
2. Gene Kim, Jez Humble, Patrick Debois, John Willis, The DevOps Handbook: How to Create Worldclass Agility Reliability and Security in Technology Organizations, 2016, ISBN 978-1942788003
3. Paul Swartout, Continuous Delivery and DevOps – A Quickstart Guide; First published November 2012, second edition: December 2014, ISBN 978-1784399313
4. Jennifer Davis, Katherine Daniels, Effective DevOps – Building a Culture of Collaboration, Affinity, and Tooling at Scale, 2016, ISBN 978-1491926420

Over de auteur

Oleg Skrynnik is een managing partner bij Cleverics.

Oleg werkt al meer dan twintig jaar in de IT en meer dan vijftien jaar op managementposities. Hij heeft veel ervaring met het opzetten en transformeren van IT-afdelingen van verschillende grote bedrijven: financiële instellingen, industriële bedrijven en dienst- verleners. Hij past deze professionele ervaring toe bij projecten en deelt de geleerde lessen met deelne- mers aan zijn trainingen, masterclasses en bedrijfssimulaties.

Oleg is een gerenommeerd auteur en spreker, en medeoprichter van itSMF Rusland. Naast andere publicaties heeft hij een blog op de populaire portal RealITSM.ru.

De artikelen van Oleg werden bekroond met een eerste prijs op de ITSM Rusland award in 2014 en 2017.

Zijn professionele competentie wordt formeel bevestigd door een aantal certifica- ten:
- EXIN DevOps Master
- ITIL® Expert
- IT Service Manager
- Microsoft® Certified Systems Engineer
- Accredited GamingWorks™ Trainer

Index

A

A/B-tests 16
Agile 3
Agile Manifesto 5
Andon 36
antifragiele systemen 22
anti-fragiliteit 77
as-is 42
Azure 9

B

backlog 68
binaire code 50
blitz 81
Blue-Green deployments 57

C

cargocultus 110
cattle versus pets 60
CD3 87
change hooks 99
chroot 11
cloud computing 9
COBIT 2
Commercial Off-the-Shelf 97
containerisatie 11
continue implementatie 49
continue integratie 49
continue levering 49
continuous delivery 48

continuous deployment 48
continuous integration 48
Cost of Delay 87
Cost of Delay Divided by Duration 87
COTS 97
crossfunctioneel 64

D

Dark Launches 49
defects 32
Definition of Done 53
deployment pijplijn 45
DevOps 2
doorlooptijd 43

E

EC2 9
Elastic Compute Cloud 9

F

fall-back 56

G

Google App Engine 9
Google Cloud Platform 9

H

hackathons 81
Highest Paid Person's Opinion 71
HiPPO 71

I

IDE...50, 99
implementatiepijplijn................................. 45
Integrated Development
  Environment 50, 99
inventory...32
IT-servicemanagement 1
ITSM.. 1

J

just-in-time...36

K

Kaizen Blitz 81
kanarie-releases...58
Kanban 67
kosten van vertraging................................87

L

Lead Time 43
LT 43

M

microservice-architectuur...................... 102
minimaal haalbaar product 84
minimum viable product 84
motion...32
Muda...32
multitasking 71
Mura 32
Muri...32
MVP..84

N

National Institute of Standards and
  Technology.. 9
NFR...76
niet-functionele vereisten..........................76
NIST 9
non-functional requirements 76

O

operationele vereisten 77
overbewerking..32
overprocessing 32
overproductie...32
overproduction...32

P

Percent Complete and Accurate
  (%C/A) 43
percentage voltooid en nauwkeurig 43
pijplijn 45
Planning Poker 86
practices...41
Process Time...43
procestijd..43
productteams.. 18
PT...43
pullsysteem...68
pushsysteem...69

R

refactoring.. 19
release 55
rollback 59

S

SAFe-model...26
Scaled Agile Framework............................26
Shadow Release...49
Share Nothing 102
shift left...79
single tasking 71
single-piece flow..75
skills 32

T

technical debt.. 18
technische schuld 18
Test Impact Analysis...................................47
to-be...42
transport 32

V

value stream 41

value stream-mapping 42

vee versus huisdieren................................... 60

Virtual Private Network................................. 9

visualisatietool 67

VPN 9

W

waardestroom 41

waiting 32

W

Water-scrum-fall 86

watervalmodel 4

wijzigingshaken 99

WIP 72

Work In Progress... 72

Z

zelforganiserend team 64

zero-downtime releases............................. 57